旅游篇

《幸福拉萨文库》编委会·编著

千年古城
人间秘境

八廓古城时光之旅

西藏人民出版社

图书在版编目（CIP）数据

八廓古城时光之旅/《幸福拉萨文库》编委会编著. -- 拉萨：西藏人民出版社，2021.12
（幸福拉萨文库. 旅游篇）
ISBN 978-7-223-07035-5

Ⅰ.①八… Ⅱ.①幸… Ⅲ.①拉萨－概况 Ⅳ.①K927.51

中国版本图书馆 CIP 数据核字（2021）第 261661 号

八廓古城时光之旅

编　著	《幸福拉萨文库》编委会
责任编辑	罗布扎西
策　划	计美旺扎
封面设计	颜　森
出版发行	西藏人民出版社（拉萨市林廓北路20号）
印　刷	三河市嘉科万达彩色印刷有限公司
开　本	710×1040　1/16
印　张	10.75
字　数	170千
版　次	2022年5月第1版
印　次	2022年5月第1次印刷
印　数	01-10,000
书　号	ISBN 978-7-223-07035-5
定　价	48.00元

版权所有　翻印必究

（如有印装质量问题，请与出版社发行部联系调换）

发行部联系电话（传真）：0891-6826115

《幸福拉萨文库》编委会

主　　　任	齐扎拉	西藏自治区党委副书记、自治区政府主席
	白玛旺堆	西藏自治区党委常委、拉萨市委书记
常务副主任	张延清	西藏自治区政府副主席、日喀则市委书记
	果　果	拉萨市委副书记、市长、城关区委书记
	车明怀	西藏社科院原党委书记、副院长
副　主　任	马新明	拉萨市委原副书记
	达　娃	拉萨市委原副书记、市人大常委会主任
	肖志刚	拉萨市委副书记
	庄红翔	拉萨市委副书记、组织部部长
	袁训旺	拉萨市政协主席、经开区党工委书记
	占　堆	拉萨市委常委、常务副市长
	吴亚松	拉萨市委常委、宣传部部长
主　　　编	《幸福拉萨文库》编委会	
执行主编	占　堆	拉萨市委常委、常务副市长
	吴亚松	拉萨市委常委、宣传部部长
副　主　编	范跃平	拉萨市委宣传部常务副部长
	龚大成	拉萨市委宣传部副部长
	李文华	拉萨市委宣传部副部长
	许佃兵	拉萨市委宣传部副部长
	拉　珍	拉萨市委宣传部副部长
	赵有鹏	拉萨市委宣传部副部长

委　　员	张　春　阳	拉萨市委常务副秘书长
	张　志　文	拉萨市人大常委会副秘书长
	杨　年　华	拉萨市政府副秘书长
	张　　　勤	拉萨市政协副主席
	何　宗　英	西藏社科院原副院长
	格桑益西	西藏社科院原研究员
	蓝　国　华	西藏社科院科研处处长
	陈　　　朴	西藏社科院副研究员
	王　文　令	西藏社科院助理研究员
	阴　海　燕	西藏社科院助理研究员
	杨　　　丽	拉萨市委宣传部理论科科长
	其美江才	拉萨市委宣传部宣教科科长
	刘　艳　苹	拉萨市委宣传部理论科主任科员

前言
QIAN YAN

西藏的诱惑

西藏是人们心中远离尘世喧嚣的净土，是藏传佛教信徒瞻仰崇敬的圣地，也是游客心驰神往的神秘之所。这片土地处在"世界第三极"青藏高原上，以往的交通不便和高原的极限阻挡了很多人亲自去触摸它的可能，很多人只能在"传说"中去感受它的神秘，在照片和影视作品中观看它的容貌，在心里默默地瞻仰它的圣洁与纯粹。如今，随着青藏铁路的开通，空中交通线的发展，交通难关已经成功被攻克，高原上的通信设施也得到了不断地完善，生态环境独具优势，西藏逐渐成为炙手可热的旅游胜地。

清澈的湖水浸润着心田，温暖的阳光照拂着面庞，低沉的梵音回荡在耳畔。西藏神秘悠远的历史和独特的异域风情，牵引着世人的目光和脚步。虔诚的藏传佛教徒前往圣地瞻仰朝拜，热爱旅行的人们蜂拥而至一睹雪域风采，探险家们也不断探寻着这片古老而神秘的土地。

生活在这里的人们无疑是外界关注的焦点，他们脚踏高原，头顶暖阳，呼吸着高地的空气，低吟着藏传佛教的经文咒语。行走在西藏的土地上，身着藏袍的人们似乎是最为动人的风景线，面对游人注视的目光，他们似乎早已司空见惯，只是目光坚定地继续摇动着手里的经筒。他们仿佛和这

里的建筑一样，早已与这片土地融为一体。

人们对西藏的了解一般是从拉萨开始的，拉萨几乎是连通现实和梦幻的桥梁，这座桥梁一头通往喧嚣的外部世界，一头通往群山雪峰和神话传奇。拉萨被诸多人列入了人生必去的旅行清单，这座被称为世界之巅的"日光城"，在无数人心中宛若天堂般圣洁。

说起拉萨就不得不提大昭寺，"先有大昭寺，后有拉萨城"的说法由来已久。大昭寺建成之后便是万人敬仰的圣地，最初环绕大昭寺的建筑构成了八廓街的雏形。这条特殊的街道，像磁石一样吸引着来自世界各地的信徒到此用身体丈量这片圣土，也吸引着各地的游客来一睹真容，这里便成了无数人心中通往天堂的神圣之路。

八廓街原本是一条环绕大昭寺的转经道，人们将这条转经道称为"圣路"。八廓街铭刻着历史变迁的印痕，承载着有关拉萨城的记忆。这里无疑是触摸西藏的好去处。这条长约千米的街道，不仅承载信仰，而且还商贾云集，不管你是谁，都会在这里找到只属于你自己的归属，凡尘俗世与神圣净土在此相遇却毫无违和。

历经千年的古朴是八廓街的底色，日新月异的新时代又为老街画上了新妆。如今的八廓街早已与外界相连，偏僻的巷子里也开起了小店，街上人群熙攘，来自世界各地的游客和藏传佛教信徒在街道上穿行不止。如果说拉萨是西藏的心脏，那八廓街就可以说是拉萨城的灵魂，这条古老的街道像是一碗酒，整个拉萨城的意蕴就在这醇厚的气息中荡漾开来。

目录
MU LU

序篇 一座充满生机的千年古城

八廓古城的千年沧桑巨变 | 002

保护八廓古城,传承历史文脉 | 004

上篇 千年古城,人间秘境

第一章 镶嵌在西藏高原上的城池

  拉萨腹地,八廓古城 | 008

  八廓,一座空间的迷宫 | 010

  触摸西藏的好去处 | 012

  八廓古城的圣地暖阳 | 015

第二章　八廓，从远古中走来

环绕大昭寺的八廓街建筑 | 018
藏传佛教的中心地 | 021
八廓街，朝圣的必经之路 | 024
多方宾客至，万般烟火聚 | 026

第三章　历史长河中的见证者

八廓街的四根经幡巨杆 | 030
文成公主亲手栽种的唐柳 | 033
唐蕃会盟碑，藏汉友好的见证 | 035
驻藏大臣衙门，消逝的庄严与凝重 | 038
朗孜厦，"目击"残酷的"人间地狱" | 041
根敦群培纪念馆，藏学先驱的足迹 | 043

中篇　当代新貌，凡尘烟火

第一章　古宅建筑，八廓灵魂

八廓，一座藏式建筑的博物馆 | 048
曲杰颇章，八廓街的第一所房子 | 050
拉让宁巴，时光在这里凝固 | 052
桑珠颇章，一卷史书的诉说 | 053
门孜康，一颗雪域上的明珠 | 055
玛吉阿米的凄美爱情传说 | 056

第二章　穿行圣路，瞻仰圣殿

去八廓街转转经 | 060

大昭寺的千年荣光 | 062

难觅汉唐风格的小昭寺 | 065

无处不在的寺庙 | 068

八廓梵音不止 | 070

第三章　古老节日，亘古不变

藏历新年，藏文化的集中体现 | 073

八廓古城的祈愿大法会 | 077

千万盏酥油灯送平安 | 078

萨嘎达瓦，斋戒转经行善月 | 080

燃灯节，星光烟火人间流年 | 082

第四章　八廓街里的生意经

夏帽嘎布，八廓唯一的百年老店 | 085

北京从康，一位北京商人的彩礼 | 087

邦达仓，西藏最大的商号 | 089

冲赛康市场，拉萨真正的"土豪街" | 091

八廓商城，活力四射的新商圈 | 094

第五章　古城的俗世烟火

光明茶馆，享受静谧的慢时光 | 096

各地美食成就天堂 | 099

触摸八廓的啤酒主义 | 102

　　　　古树下品酸奶，尝一下惬意时光 | 103

　　　　夜逛朗玛厅，体验八廓夜生活 | 105

　第六章　八廓风物，把高原风情带回家

　　　　八廓街购物经 | 108

　　　　多彩"饰"界，过一把高原风 | 110

　　　　熙攘八廓街里的"藏香"缘 | 113

　　　　被误会为"宫廷杀器"的藏红花 | 115

　　　　书写在"狼毒草"上的藏文明 | 117

　　　　藏刀：个头小来头不小 | 120

下篇　保护传承，迈向未来

第一章　保护古城，原味改造

　　　　设立管理机构，全面保护古城 | 126

　　　　改善民生，改造市政基础措施 | 128

　　　　修旧如旧，保持古建原有风貌 | 130

　　　　多部门联合，整治市容市貌 | 132

第二章　和谐共处，幸福古城

　　　　古老八廓迎来新生世界 | 135

　　　　八廓街上的幸福生活 | 137

古城繁华了，但幸福味道没变 | 139

团结和睦，古城温情 | 142

第三章　开放包容，迈向新纪元

"云闪付"开启八廓支付新时代 | 145

带着传统迎接新生活 | 146

老院民宿，古宅新貌 | 149

条条商路通八廓，席席盛宴在流动 | 151

后记　"修行"在八廓 | 154

主要参考文献 | 156

序篇
XU PIAN

序 一座充满生机的千年古城

历史悠久的八廓古城，承载着拉萨千年以来的历史变迁和文化更迭。而今保护这座活的千年古城已然万分重要，历史文脉就在这条街上传承开来。历史长河之中，大昭寺建成伊始，八廓街的故事便也由此拉开了帷幕……

八廓古城的千年沧桑巨变

在西藏自治区首府城市——拉萨市的中心区，有一座距今有 1300 年历史的古城。它承载着拉萨千年以来的历史更迭与文化变迁，见证了西藏的兴衰。旧西藏地方政权的几度变更、佛教的式微与鼎盛、贸易的兴衰与繁荣，历史长河川流不息，这所有的一切，皆有它的身影。它，就是八廓古城。

说到八廓街，大昭寺是绕不开的一环。

"先有大昭寺，后有拉萨城。"公元 7 世纪，赞普松赞干布下令修建大昭寺，地点选在卧塘湖。大昭寺建成后，吸引了众多朝圣者前来朝拜，天长日久，逐渐踏出了环绕大昭寺的一条小径，这就是最初的八廓街。为了让远道而来的朝圣信徒或商人有地方住，寺院周围陆续修建了 18 座家族式建筑，这些环绕大昭寺的建筑就构成了八廓街的雏形。

15 世纪后，大昭寺的宗教地位与日俱增，逐渐成为藏传佛教传播的中心，它的周围相继出现了僧人宿舍、宗教学校、小寺庙等建筑，随着众多信佛者

迁居到大昭寺周围生活，街上也逐渐出现大量的民居、店铺、旅馆等，八廓街的雏形逐渐形成。藏传佛教认为，以大昭寺为中心顺时针绕行的行为就是"转经"，表示的是对供奉在大昭寺内释迦牟尼佛像的虔诚朝拜，因而八廓街成为拉萨三大转经道之一。随着大昭寺香火日渐旺盛，来自各个地区和国家的众多商贩、香客纷纷来到八廓街，络绎不绝，这里逐渐就发展成为集宗教、文化、旅游、商业为一体的街区。

在首届"中国历史文化名街"评选推介活动中，八廓街榜上有名，入围全国"十大历史文化名街"。有着千年历史的八廓街，是全国乃至世界最具特色和魅力的历史文化街区之一，是西藏从古至今发展的历史缩影。

保护八廓古城,传承历史文脉

对于城市而言,历史文脉是一座城市的灵魂,代表着城市独特的性格特质。如果说,文化是一个城市的精神灵魂,那么文脉就是一个城市精神传承的遗存。文脉包括文化的时间脉络,也包括文化的空间脉络,而城市文脉是城市赖以生存和发展的有机时空背景。

为切实有效保护管理八廓古城,拉萨市党委、市政府从服务群众生活、保护世界文化遗产和维护社会稳定出发,全面凸显古城功能,将八廓古城定位为居民生活地、信教群众朝佛地、高端旅游地。2012年7月3日,西藏自治区党委常委会议研究决定,成立拉萨市八廓古城管理委员会,并于7月23日正式挂牌。管委会下设社会治安综合治理办公室、流动人口服务和管理科、文化旅游管理科、八廓古城公安局、八廓古城管委会、市政市容和规划管理局等部门,各部门共同担负着保护管理古城的重任。

拉萨城区是在具有千年历史的八廓古城基础上,经过历代藏族同胞努力

而逐步扩建而成的。如今，拉萨已经成为世界上闻名的现代化旅游胜地。几千年的时光，将八廓古城变成了古色古香、具有民族特色、世人皆知的闻名古城。八廓古城内的著名寺庙和众多文物古建大院，以及保存其中的大量珍贵文物，具有很高的历史、艺术、科研价值，值得人类永久保护。为了更好地保护好历史文化遗产，保护好八廓街历史街区现存的传统风貌，拉萨老城区保护工程顺利实施并成功完成。

为全面加强老城区的保护管理等各项工作，在拉萨古城保护工程实施后，西藏自治区、拉萨市两级党委、人大、政府，站在维护稳定、保护古城的高度，及时制定颁布了《拉萨市老城区保护条例》地方性法规，出台了《拉萨市老城区市政市容维护管理实施意见》等规范性文件。法规规章的制定，为更好保护管理拉萨古城提供了有力的法律依据，更是为保护八廓古城，传承历史文脉提供了有力的法律保障。

上 篇
SHANG PIAN
上
千年古城，人间秘境

位于高原上的八廓古城是人们心目中的雪域圣地。想要触摸西藏,就一定要来八廓感受圣地暖阳,洗涤心灵,温暖灵魂。环绕大昭寺的每一处古迹都在诉说着时光的故事,经幡、唐柳、盟碑……多方宾客聚于此处,人间秘境悄然布局。

第一章
镶嵌在西藏高原上的城池

一条古街,铭刻着历史变迁的印痕,承载着整座城的记忆。八廓街,无疑是触摸西藏的好去处。一条街区,承载信仰的同时商贾云集,让每一个来到这里的人不仅仅能感受信仰的力量,也为人提供了很多的方便。这便是八廓街独有的魅力。

●拉萨腹地,八廓古城●

大昭寺的所在地原本是一片湖泊,也就是卧塘湖。赞普松赞干布决定在这里建立大昭寺后,便开始填湖建寺。此地由此改头换面,逐渐成为今天藏传佛教的中心地。关于大昭寺的传说,千百年来一直在民间流传。相传公元7世纪,赞普松赞干布曾在卧塘湖边向尺尊公主许诺,要在尺尊公主戒指落下的地方修建寺庙,结果戒指恰好落到卧塘湖内,湖面瞬间遍布光网,光网之中显现出一座九级白塔。于是,一个以千只白山羊驮土建寺的宏伟工程便拉开了帷幕。

另一则故事流传更为广泛,据说也是大昭寺选址在此处的关键。相传建大昭寺时,几次均遭水淹,来自大唐的文成公主精通星象学和堪舆术,她晚上观察天象,白天考察地形,得出了结论,整个拉萨地形就像一位躺卧的罗刹女的形象。这个魔女头朝东,腿朝西仰卧,呈人形。大昭寺所在的湖泊正好是她的心脏,湖水则是她的血液。因此,大昭寺必须填湖建寺,尤其是要把魔女的心脏给镇住,然后同时必须在她的四肢及关节处修建寺庙镇压。

时过境迁,沧海桑田,传说早已无从考证,而大昭寺仍旧巍然于眼前。大昭寺藏语意为佛殿,又名"祖拉康""觉康"等。在西藏,如果说布达拉宫是藏族的文化象征,那么距今1300多年的大昭寺则是拉萨的神圣灵魂,

在藏传佛教中，大昭寺的地位无疑是至高无上的。

大昭寺的建筑开创了藏式平川式的寺庙布局，是西藏最早的土木结构建筑，也是目前西藏现存的吐蕃时期建筑中最为辉煌的一处。作为藏式宗教建筑的千古典范，大昭寺巧妙地融合了藏汉文化风格，也吸收了南亚地区尼泊尔、印度等国的建筑风格。而今立于我们眼前的大昭寺历经风雨，只有一个大殿留存至今，那就是大昭寺的中心大殿。在中心大殿东侧的中心位置，供奉的是释迦牟尼佛。萨迦·索南坚赞撰写的《西藏王统记》中讲到，圣者曼殊师利忧心忡忡地对佛祖说："世尊您住世的时候，我们能眼看佛容，耳听佛语，心有所皈依；如果祖师涅槃离世，一切有情将依止何处呢？"佛经有云，"凡所有相，皆是虚妄，若见诸相非相，即见如来。"释迦牟尼在世时，反对立寺供像，因不可以身相见如来。临终时，他也只同意以自己8岁、12岁、25岁时的模样分别造像，并亲自为塑像绘图。佛像铸成以后，释迦牟尼又亲自为三尊佛像开光加持。在这三尊佛像中，以12岁释迦牟尼等身的鎏金铜像最为精美尊贵，也就是如今供奉于大昭寺中心大殿内的释迦牟尼佛像。

释迦牟尼佛像在藏传佛教信徒心中地位最为崇高，他们称此佛像为"觉沃仁波切"，"觉沃"意为"至尊"，"仁波切"意为"珍宝"。千百年来，信徒们从世界各地涌来，只为朝拜这尊释迦牟尼佛像。信徒们磕长头时双手合十，意为领会了佛的旨意和教诲，双手由上至下触额、触口、触胸，表示身、语、意皆领会佛的教诲，与佛合为一体。释迦牟尼佛像左手捧钵，右手扶膝，面容安然慈善，双目低垂仿若含笑，似在沉思又像在凝望，就这样端坐于大殿上，看着他忠诚的信徒们。

每一个虔诚的藏传佛教信徒心中，都有一个相同的心愿，那便是在一生中能有机会用自己的身躯丈量这条通往大昭寺的朝圣之路。所以，大昭寺前终日香火缭绕，万盏酥油灯长明，岁月在烛火中璀璨闪耀，而朝圣者在佛光中沐浴身心。虔诚叩拜的藏传佛教信徒们，成排地磕着长头，在门前的青石地板上留下了深深浅浅的痕迹，沉静而肃穆。站在大昭寺的门前，看着人流缓缓涌动，香炉轻烟袅袅，仿佛置身于尘世之外，这里仿佛是另外一个世界。

有人说，在拉萨人心中，以大昭寺为中心的八廓街一带才是真正的拉萨。正因为这样，八廓街才能成为游人们拉萨之旅的必到之处。直到今天，八廓街仍然保存着这片土地的历史、古朴的建筑、传统的产业和独特的异域风情，每天迎接着无数藏传佛教信徒，也迎接着来自世界各地的游客。

● 八廓，一座空间的迷宫 ●

一条古街，不仅能铭刻历史变迁的印痕，也承载着一座城的记忆。

在拉萨的汉族人中，绝大多数是四川人。四川话中"廓"与"角"的发音相近，于是八廓街被误读成了"八角街"。后人望文生义，认为"八角街"是有八个角或者八条主要支道的街。事实上，"八廓"在藏语里意为"环行"。对其现在的道路名称要再核对由八廓东街、八廓西街、八廓南街和八廓北街组成的多边形环形街道，周长约1000多米，有35个街巷，街内的岔道很多。

当年供松赞干布和相臣嫔妃们居住的宫殿，是八廓街上最早的一批用以居住的建筑。15世纪后，众多佛教信徒迁居至大昭寺周围生活，以大昭寺为中心，朝四面八方辐射，街巷与街巷交叉的地方，形成了一个个街口、一处处市场。佛教寺院、王侯宫堡、贵族府邸、商业铺面、平民住宅在街道两边高低错落，鳞次栉比，在雪山的环绕中，蔚为壮观。后来西藏贵族及商人也集中在这里建立住宅，如平措康桑、索康、林仓、赤江、邦达仓等，都是有几百年历史的宅院。八廓街区内有很多访古寻幽的好去处，驻足在这些古建筑之间，感受曾驻足于此的古人心境，别有一番情趣。

18世纪伊始，八廓街逐渐发展成为一条初具规模的商业街。到了20世纪初叶，八廓街已经变得非常繁荣，尼泊尔商人、印度商人和北京商人纷纷来此经商，与当地的回族商人和藏族商人展开激烈竞争。根据《蒙藏新志》记载，至20世纪30年代末，八廓街内有国内其他地区商人1000～2000人，此外这里还有尼泊尔商人千余人，蒙古、不丹商人千余人。到了节日或朝佛期，经商人数更是远远超过这些。

在西藏大建设时期与改革开放时期，宗教信仰和商业贸易共同提升了八廓街区的内在活力，改革开放后不断发展的旅游观光产业也吸引了大量游客；八廓街对海内外游客的吸引力也在逐年增强，至2014年，八廓街区日均游客量4万～5万，若逢旅游高峰时期，可达10万，约是拉萨常住人口的1/4。

在街区的布局上，八廓街将转经圣道和商业中心完美地融合在了一起，将最具风情的商业街和最有魅力的宗教文化街完美融合。八廓街两边的店铺数不胜数，商品琳琅满目，随处可见形态各异的铜质佛像、精密细致的银质酥油灯、玲珑小巧的手摇经筒、古色古香的印经木板，以及绚丽多彩的唐卡、经幡。每天来自西藏各地的购物者以及海内外的游客，让八廓街变得熙熙攘攘。

在1300多年中，八廓街历史文化街区从无到有，经历了从单一功能向复合功能的转变，也完成了从原始状态向近代化、现代化推进的过程。如今，经过改建的八廓街依然保留了拉萨古城的原有风貌，街道由手工打磨的石块铺成，街边的老式藏房建筑都是木石结构的藏式平顶楼房，黑框门窗上装饰着藏式幔布，窗台上摆放着鲜花。在这里，依然能看到拉萨古城的面貌和藏族人传统的居住方式。

● 触摸西藏的好去处 ●

每个城市都有一条独特的街，讲述着城市故事的同时，也是这座城市最具代表性的名片，像北京的南锣鼓巷、西安的回民街、重庆的洪崖洞……当然，在拉萨这样的街要数八廓街。

从八廓街区建成之初，处于核心之处的大昭寺就被定位为整个西藏地区的宗教中心——"大地上的须弥山"，从西藏各地赶来的虔诚佛教信徒在八廓街顺时针磕长头跪拜，这使拉萨更加接近人类理想与记忆中的东方城市——"曼陀罗"。15世纪，由于佛教信徒的大量聚集，八廓街内出现了商贸交易，为朝圣者与寺庙提供生活必需品。改革开放后，来此旅游观光的游

客与日俱增，八廓街也由此逐渐具备商业街区的功能。

　　这里无疑是触摸西藏的好去处，一条街区，承载信仰的同时云集商贾，无论你是游客还是藏传佛教信徒，都能在这里找到方便之路，这便是八廓街独有的魅力。在八廓街上，你能看到古城拉萨千年的变迁，你能在信徒之中感受到最虔诚的信仰，拉萨人的生活在这里一览无遗。行走在八廓街上，两旁的藏式建筑展现出极具特色的景色，而身着民族服饰的人群，还有那些种类繁多的手工艺品，都会让你深深地感受到藏族独特深厚的民俗文化。这条街在延续历史使命的同时，也在演绎属于自己的传奇。

　　当清晨的第一缕阳光洒向大昭寺之时，有些藏传佛教信徒已经完成了转经仪式，他们穿梭在八廓街上，之后在甜茶馆落座，点上一杯甜茶、一碗藏面，开启一天的悠闲生活。此外，八廓街周围还遍布着各种藏式餐厅，在店里可以品尝到香酥糌粑、手抓牛肉、人参果炒玉米、吉祥八宝酸奶、人参果饭，等等，这些曾经只有西藏地区贵族或活佛才能享用到的美食，如今已面向普罗大众，变身为新藏式美食。

　　在八廓街的巷子里驻足或是流连，会有一种亲切宜人的感受，这大概是得益于街区中大量的小尺度空间，窄窄的街道营造出的小巧精致。站在那一栋栋紧紧相挨着的藏式小楼前，风吹过，透过绣着吉祥八宝图案的门帘，正在给女儿编辫子的藏族阿妈的身影隐约可见。街区内的藏式建筑大多为石木结构，以毛石、片石、碎石以及藏地独有的阿嘎土为主要建材，常用木材则为柳、杨、松木等，建造风格厚重而敦实。手工绘制的精美花卉图案，几乎每户人家的窗台上方都有。那些紧密摆放的花草，被或整齐有序或凌乱地搁置在窗上，在拉萨的明媚阳光下开得格外艳丽。

　　在八廓街四处闲逛，混迹在人流之中，自由随意地漫步。行走在曲曲折折的小巷中，会不由自主地感受到自由生长的建筑群所围合出的独特的空间效果。地上是蜿蜒曲折的小路，抬头是几何形状的天空，一种自由而浑然天成的美感让人心动。拉萨"日光城"的美誉名不虚传，夏日里，这种小尺度空间可以让人们到阴凉处躲避日晒，冬日里，又能够让人享受温暖的阳光。在巷子里驻足，看着这条转经路上一个又一个磕着等身长头的人到大昭寺朝拜，看着繁华闹市中迎面而来的烟火气，看着商贾林立游人穿梭不绝，再浮躁的心也宁静了。

当然，八廓街绝对也是购物的好去处，街道两侧店铺林立，上百家手工艺品商店一家挨着一家，店内商品琳琅满目，有铜佛、转经筒、酥油灯、经幡旗、经文、念珠、贡香、松柏枝等宗教用品，有藏被、藏鞋、藏刀、藏帽、酥油、酥油桶、木碗、青稞酒、甜茶、风干肉等生活日用品，还有来自印度、尼泊尔、缅甸、克什米尔等地的商品。

在八廓街上，那些迎面朝你走来的，或是正在摇着转经筒的藏族阿妈，或是走路极快的喇嘛，或是精神奕奕的康巴汉子，抑或是左顾右盼的藏族少女。他们姿态各异，却共同构成了这条街道特有的风情。街上的藏族姑娘们穿着精心制作的长袍，将祖上传下或是自己珍藏的饰物戴满全身，认真梳理每一根小辫。她们三三两两地走过八廓街的时候，是街上最为靓丽的风景线。

徜徉在八廓街的街头经常会遇见卖唱的艺人，这些艺人大多是从几千里外到拉萨来朝佛的。他们通过一路卖艺来赚取朝佛所需的费用，肤色黝黑的脸上充满着岁月的沧桑，更有令人钦佩的执着。如果运气足够好，你还能在街上碰到神秘的格萨尔说唱艺人。在众多的说唱艺人中，他们是最优秀的"神授艺人"，因为传说他们所说唱的故事是神赐予的。据说，神授说唱艺人们会在童年时梦到神的旨意，然后大病一场，在喇嘛为他们念经祈祷之后就能够开启说唱格萨尔的能力，所以才把这些人称为"神授艺人"。

在拉萨，八廓街的功能像是许多城市的步行街，街边的各种商店供人们购物消遣，丰富而又极具特色的藏式建筑让人们得以品味藏式街区的魅力，信徒们在户外转经又大大增加了街区的活力。每当夜幕降临，街区小巷中暖色调的柔和的灯光，投射到乳白色的墙面上，让人倍感温暖静谧。整个街区就像一个大大的城市会客厅，把世界各地的人们吸引过来，驻足观赏。

古往今来，八廓街都以独特的人文传统和藏式风情，吸引着来自四面八方的游客和藏传佛教信徒。驻足八廓街之中，不禁感叹这古城区的强大生命力和包容性，它既保留了千年古城的传统，又融合了当代的新兴事物。看到转经和磕长头的信众与来自世界各地的游客同在八廓街上，反差带来的冲击被某种力量淡去，各种存在于八廓街而言似乎都无比自然，毫无牵强扭捏之意。也正因如此，八廓街成了拉萨最为繁华的街区，向世人展现着过去与现在的同时，也在呈现一个浓缩的西藏。

● 八廓古城的圣地暖阳 ●

在八廓街上，藏传佛教信徒们风雨无阻，日复一日，年复一年地行走着，成了拉萨的一处独有风景。在西藏，转经的人几乎随处可见，因为人们认为转经就相当于念经，是忏悔往事、消灾避难、修积功德的最好方式。在西藏，各地都修有佛塔，置有转经筒，为的就是让这种最好的修德方式得到最充分的运用。甚至人们会随身随时携带手摇经筒，一有闲暇，便开始转动手摇经筒，以便为自己积累功德。常用的手摇经筒一般由红铜打造筒身，筒身里面装有一卷佛经，筒身上有凸起的六字真言，转一圈就等于念了一遍，每念一遍就积一份功德。所以，虔诚的信徒只要有闲暇时间便会摇起经筒，这已经成为他们下意识的动作。

在拉萨，朝圣者永远是这座城市最早苏醒的灵魂。无论什么时候，不管白天还是黑夜，不管午夜还是凌晨，只要你走进八廓街，你就一定会看到朝圣的人们。这些虔诚的朝圣者，绕着大昭寺，双手合十，口念经文，磕等身长头。

一般动作是这样的：首先立正姿势，一边念六字真言，一边双手合十，高举过头，然后行一步；双手继续合十，移至面前，再行一步；双手合十移至胸前，迈第三步时，双手自胸前移开，与地面平行前伸，掌心朝下俯地，膝盖先着地，后全身俯地，额头轻叩地面；再站起重复，过程中，口与手并用，六字真言诵念之声连续不断。

作为藏传佛教信仰者最虔诚的礼佛方式之一，藏传佛教认为，磕长头是对佛陀、佛法的崇敬，是身、语、意三种方式缺一不可的方式。五体投地是"身"敬，口中不断念咒是"语"敬，心中不断想佛是"意"敬。

信徒们认为，在一生修行中，要磕至少十万次长头，那样才能算是虔诚。有些信徒会选择一种更为艰难的叩拜方法来表现自己的虔诚。他们面向寺院，五体投地匍匐，双手向前直伸，每伏身一次，就以手画地为标志，起身后前行到标志处再匍匐，周而复始，用自己的身体丈量虔诚。这样绕着周长一公里的寺院磕头，需要磕两千多次头，绝大多数人的额头、手掌、膝盖都会磨出鲜血。

磕长头一般分为长途磕头、短途磕头以及就地磕长头。其中，长途磕长头或至数千里,长达数月甚至经年,风餐露宿,朝行夕止,匍匐于无论沙石还是冰雪上,都毫不畏惧,只为达到心中的目的地。一路磕着长头到拉萨来朝拜的信徒,他们的额头上已经磨起了硬硬的茧块,但诵经的声音依然高亢,磕头的身躯依然舒展。当虔诚达到了极致,千里之遥也不再遥远,令人感叹,而这也成了八廓街上独特的人文景观。在西藏,沿途经常可以看见一群群磕着长头去拉萨朝圣的信徒,作为旁观者去看他们,无论有无宗教信仰,在那一刻心灵都会受到强烈震撼,他们的虔诚感人至深。

短途磕长头或数小时,或十天半月,一般是围绕寺院、神山、圣湖、圣迹磕头一周;就地磕长头是指在途中遇河流,不得不涉水、渡船时,需要先在岸边磕足河宽,再过河;还有一种就地磕长头是或于自家佛龛前,或于附近寺庙大殿门前,以一定的数量为限,就地磕头。晚间休息后,清晨需要从昨日磕止之处启程。作家马丽华曾说:"选择这种苦行的方式,也为了更富有成效的清除今生前世的罪孽,以便无限接近最高理想。"

对于信徒而言,一生之中,如果有机会使用磕长头的方式去拉萨朝圣,就能够洗清身上所有的罪孽。于是,他们成群结伴,十几二十几个人一起,带上锅碗瓢盆、衣服棉被,带上一辈子积攒的积蓄,开始一场赎罪的朝圣之路。拉萨有很多乞丐,但他们中的相当一部分是前往拉萨的朝圣者,因为花光了所有的积蓄又或者供奉了全部的钱财。他们流落于拉萨街头,无法返回老家,却心甘情愿。

如果把汉族的文化模式理解为现世主义,那么藏族的文化模式则能理解为来世主义。在藏文中,"身体"的意思是"可以留下来的东西",就像行李一样,随时在提醒我们,人只是人世间的旅行者,只是短暂寄居在肉身中的旅行者。西藏那些虔诚的朝圣者们不会把时间花在追求舒适的生活上,他们认为只要够吃够住就满足了,何必为此困扰自己?

作为一位朝圣者,旺吉的话很有道理,他说:"我们一路磕长头来拉萨朝圣,非常高兴,心里一直唱着歌,头磕破了会长疤,只要身体还活着,血也没流完就好。至于饿了渴了病了,都会过去,神佛保佑,你们汉人看不出我们心里有多快乐。来去都一丝不挂,可你们汉人想在世上留下的东西太多,佛是帮不了忙的。你们吃的、穿的、住的都比我们好,也比我们讲卫生,可你们痛苦,因为你们的心在地狱里。"

时至今日,每天仍有数以千万计的信徒在大昭寺前顶礼膜拜。每天清晨,在大昭寺外等待朝圣的人们便排起了长长的队伍。他们当中,有拉萨本地人,但绝大多数人是从偏远地区赶来的。他们和拉萨本地人的样貌并不相同,穿着草原上特有的厚重长袍和长靴。在朝圣信徒的队伍中,男人们大都穿着藏袍,脸色黝黑;妇女们辫子长发上装饰着各种艳丽的宝石,有的怀抱着小孩,有的提着酥油;老者们拄着拐杖,眼睛里满是热切盼望的目光。

信徒们对朝拜无比虔诚,每一次行礼都毕恭毕敬,每一个动作皆心怀敬畏。信徒们的身躯把寺前的青石地板摩擦得像镜子一样光滑,那些凹凸不平的地方,就是信徒们磕等身长头留下的深深印痕。磕长头放下我相,放下执着,心怀至诚,一心向佛。大昭寺门口总洋溢浓烈的酥油香味,和信徒们吟诵六字真言的呢喃声,一起汇入了朝圣的人流之中。在这样的气息之中,大昭寺窄窄的巷道就好像是穿越时空的隧道,把我们这些来自尘世的凡夫俗子引入了神秘的藏传佛教世界。

在这座"日光城"里,冬日阳光灿烂,温暖无风。在八廓街上或是在房顶上晒着太阳,用太阳能灶烧一铝壶的酥油茶,看着整个八廓街和大昭寺的金顶,仿佛是这世间最好的福报。这里的人们仿佛看穿了人间的悲喜,把一切都融进了灿烂阳光里。

信仰的力量总是令人惊叹,仿佛生命的意义在这样的仪式中更能够被彰显。

第二章
八廓,从远古中走来

大昭寺建成之后便是万人敬仰的圣地,最初环绕大昭寺的建筑构成了八廓街的雏形。相比于白天的人声鼎沸和夜晚的香气扑鼻,清晨的八廓街是肃穆庄重的。这里有对信仰最好的注解,有让我们心生敬仰的所在,亦有鳞次栉比的商铺,万般绚烂的人间烟火。

● 环绕大昭寺的八廓街建筑 ●

当时,在卧塘湖边上四周修建的四处供松赞干布及大臣王妃们居住的宫殿,就是八廓街最早的一批建筑。八廓东街南方的"吾兑布"小巷,年代同大昭寺一样久远。最初为修建大昭寺的徭役民工的住处,如今小巷犹存,真是一件幸事。走进"吾兑布"小巷,小巷右侧是"达东夏",民间传说这里是公元7世纪修建大昭寺时期的旅店,现在依然保存完好。八廓街的故事,实在是数不胜数,每一个不起眼的房子背后可能都有悠久的岁月和久远的传说。

传说精彩纷呈,故事众说纷纭,但从中我们可以知道八廓街产生的历史因素,吐蕃政权和大昭寺的建立为八廓街的产生提供了必要的历史条件。大昭寺的建立,周边环境的变化,慕名前来的信众,孕育了八廓街的胚胎,奠定了八廓街诞生的基础。与其他街道的不同之处在于,八廓街是有方向的。由于是转经道,大多数人都会按顺时针方向行走在八廓街上。

环绕街边的古建筑很是奇特,从名字到故事都值得钻研一番。八廓北街起点的转角处,有一座历史悠久的建筑"扎其厦"。"扎其厦"一楼是商店,二楼是居住区,被认为是八廓街最古老的房子之一。"扎其厦"隶属色拉寺阿扎仓,是来访僧人在城中的居住地。紧挨着"扎其厦"的建筑,是"曲赤康",意为"法座屋"。据说这里原为一位色拉寺的高僧讲经说法时的法座

所在地。"曲赤康"有东西两处，现今都归色拉寺管理。

八廓北街上颇具名气的老房子是"曲杰颇章"，即"法王宫殿"。相传，在修建大昭寺之前，"曲杰颇章"是松赞干布为自己建造的一个行宫。还有传说认为，松赞干布修建完大昭寺后，曾在寺庙的周围建了两座法王宫殿，如今只剩下"曲杰颇章"这一座。"曲杰颇章"旁边就是著名的"夏帽嘎布"，意为"白帽子"，这家由尼泊尔人经营的小商店距今已有上百年的历史，外形看上是一座两层楼高的建筑，有绿色的窗沿。这家店之所以叫"夏帽嘎布"，是因为店主人总爱戴白色的帽子，而他的名字又很难记，所以人们索性直接称呼店主"夏帽嘎布"，自然也用同样的名字称呼这个店铺。

"夏帽嘎布"旁边坐西朝东的建筑是"朗孜厦"，如今它是西藏自治区的重点文物保护单位。"朗孜厦"前面的市场上曾经有一座白塔，人们称之为"噶林果喜"，也就是四门塔。《唐东杰布传》中有记载："唐东杰布在八廓街北的噶林果喜塔下，静修了一年。此间，每当他上街向前来磕头转经的上等人求布施时，总感到有点难为情。夜深人静时，常有到拉萨朝圣的外地人来向他求教，人们都很崇敬他。"这个故事一直被这里的人们津津乐道。唐东杰布是著名建筑师，他曾修建无数铁索桥，对藏医、藏药的发展起了促进作用，也是藏戏的开山鼻祖。在西藏，人们历来把他看作是创造藏戏的戏神和铁木工匠的"祖师"。在藏族人们心中,唐东杰布就是智慧和力量的化身。

坐落在"朗孜厦"旁边的是一座被称为"强康"的小庙,"强康"位于大昭寺的东北角,寺内供奉着一尊两层高的强巴佛像,强巴佛也称为"未来佛"。传说强巴佛可以逆转一切逆缘,所以将其放到可以直视集市的位置,可以起到监管俗世的作用。或许因为强巴佛能直视市集,所以又被称为"强巴充司"。

在"强康"的南侧是木如宁巴寺,建立于赤热巴巾时期。松赞干布与赤松德赞、赤热巴巾在藏文史籍中常被合称为"三大法王"。赤热巴巾时期,佛法盛行,每一个出家人由七户供养。公元9世纪,吐蕃赞普赤热巴巾在大昭寺东南北三个方向修建了六座护法神庙,其中位于东南面的木如寺就是今天的木如宁巴寺。当年的神殿就是如今神殿的底楼,殿内供养有泥塑的燃灯大佛像和八大弟子像,南北面有赞巴拉财神像和多闻天王塑像。此后,17世纪时五世达赖喇嘛将寺院扩大到现在的规模,每年拉萨传昭大法会期间众僧人都住在这里,并且在古老的护法神殿内举行典礼。在藏传佛教中,护法神具有至高无上的地位,因此木如宁巴寺由藏传佛教的宁玛派、格鲁派和萨迦派共同管理。

由木如宁巴寺向东直行就来到了八廓东街,第一个映入眼帘的建筑就是鼎鼎有名的"冲赛康",意为"直朝市集的房子"。"冲赛康"南侧的一座黄色小建筑原本是玛尼拉康。如今,玛尼拉康这儿开了一家藏族唐卡店。沿着街道往前步行,在拐角的地方有一根经幡旗杆,人们称它为"甘丹塔钦","塔钦"为印有经文等宗教饰物的长柱。"甘丹塔钦"是在五世达赖喇嘛时期树立的,1681年,蒙古军事领导甘丹次旺率兵击败了拉达克王,收复了大片失地,使之重新归入甘丹颇章政权的管辖,为了纪念这 胜利便立了经幡旗杆并且命名为"甘丹塔钦"。

绕过"甘丹塔钦"就到了八廓东街,街上的古建筑很多,走在街上目不暇接。其中,"嘎密达日"最为引人注目,"嘎密达日"意为"没有房柱的马厩",相传"嘎密达日"是松赞干布一行人在大昭寺旁边拴马匹的地方。

大昭寺周围的大多数建筑都与松赞干布事迹有关,传说也为这里增添了很多意趣。继续顺着八廓东街行走,一座两层楼高的建筑映入眼帘,就是"北京从康"。"北京从康"即是北京商店,是八廓街上著名的汉族商人开的商店。

而后绕过"夏季林"经幡旗杆，就是八廓南街。街口最气派的"邦达仓"大院是早期大贵族擦绒的府邸。1912年年底，擦绒家父子均被杀害，家中无继承人，所以十三世达赖喇嘛把"邦达仓"赐予了护卫达赖喇嘛有功的达桑占堆，后来达桑占堆把宅子卖给了邦达仓，因此这座大院就被取名为"邦达仓"大院。邦达仓是西藏东部昌都的一个家族，在十三世达赖喇嘛时期，邦达仓家族取得了经营西藏羊毛的特权，由此发家，成了西藏的贵族。

八廓南街上最古老的建筑之一"拉让宁巴"，相传是格鲁派祖师宗喀巴大师筹备传昭大法会时建造的，从此"拉让宁巴"便成了宗喀巴大师在拉萨的住所。大昭寺在建成五世达赖喇嘛寝室之前，五世达赖喇嘛到拉萨时都会住在"拉让宁巴"。18世纪初，尼木大贵族吞巴·色却次丹担任了西藏地方政府的噶伦，"拉让宁巴"又成了吞巴·色却次丹在拉萨的住所，被称为"吞巴府"。

八廓街南侧的一片空地被称为"松曲热瓦"，意为"传法之地"，这里曾经是藏传佛教举行传昭法会的场地。明永乐七年（1409年），宗喀巴在此举办了祈愿法会，对西藏的历史产生了深远的影响。在此之后历代达赖喇嘛都在此处传授佛法，在传昭法会期间，这里可以容纳数以千计的人参加法会。《圣城拉萨》一书中说："大昭寺的南侧是大广场，被开辟为集市。广场北边，建在大昭寺对面的是噶厦，西藏政府官员的议事之地。噶厦政府以此命名。这里还有政府宝库及其他官方建筑。噶厦前面不远处的地面铺着鹅卵石，还有个大香炉。藏历年期间，达赖喇嘛或者摄政王就在此地方向人们讲经说法。"

时代变迁，历史更迭，散落在时空中的一件件往事难觅踪迹，而环绕大昭寺的八廓街建筑却是这一切最好的见证者。残留的历史痕迹混合着新生的一切在这条街上共同林立，为我们诉说着这条街的前世今生。

● 藏传佛教的中心地 ●

大昭寺正门朝西，沿正门进入大昭寺可以看到一个宽阔的天井式院落，院子东侧有数排酥油灯，因为信徒们每天都会添加酥油，所以这里常年烛光闪耀。这里曾是举行规模盛大的拉萨祈愿大法会的场所，法会期间拉萨三大寺的数万僧人在此聚集，一同为众生祈福，同时还举行辩经、驱鬼、迎诸弥勒佛等活动。祈愿法会始于1409年，宗喀巴大师为纪念释迦牟尼以神变之法大败六种外道的功德，召集各寺院、各教派僧众，于藏历正月期间在大昭寺内举行祈愿法会，而后传承至今。院落四周的壁画上绘制了数千尊佛像，因此被称为"千佛廊"。

院落再往里走即是大昭寺主殿——"觉康"佛殿，这里既是大昭寺的主体，也是大昭寺的灵魂之所在。进入大殿左右各有两尊巨大的佛像，左侧为藏传佛教宁玛派创始人密宗大师莲花生大士塑像，右侧是未来佛塑像。大殿通道入口处右侧是关于大昭寺建寺故事的壁画，生动形象地描绘了公元7世纪时期的布达拉宫，并且还原了当年填卧塘湖建大昭寺的情景。

入大昭寺要从左向右依顺时针方向参拜。第一间小殿，里面供有宗喀巴及其八大弟子，这八位弟子为弘扬藏传佛教格鲁派做出了巨大的贡献。其中，一世达赖喇嘛和一世班禅都位于八大弟子之列。藏传佛教格鲁派的六大寺庙中，宗喀巴本人亲自修建了甘丹寺，其他弟子修建了哲蚌寺、色拉寺以及扎什伦布寺。一座白塔矗立在西墙与北墙拐角之处，据说在修建大昭寺之前，

这座白塔从卧塘湖中显现出来，颇具传奇色彩。南侧第一间小殿，端坐着八大"东方净琉璃世界的教主"，即"药师佛"。紧挨小殿，是藏传佛教噶举派创始人米拉日巴的塑像。再行数步，小殿内置三世佛。

转过来第二间殿是观音菩萨殿，殿右侧有松赞干布及尺尊公主、文成公主的塑像。两位公主威严庄重，其中前面发髻高挽的大唐女子就是文成公主。在南墙与东墙拐弯之处，有宗喀巴及其他教派的诸位宗师塑像。东墙第一间佛殿是无量光佛，尽管已经过去了很长时间，这里依然能够看到公元7世纪的檀木门框和上面精美的雕刻。另外，同样的木柱也在释迦牟尼殿前出现了，共有八根。2000年，大昭寺被列为世界文化遗产，这些木雕就是很重要的条件，因为在西藏的诸多寺庙中，只有在大昭寺才能看到这些木雕。如今，木雕已经像铁一样坚硬，敲一下还会发出金属之声。

强巴佛殿里供奉的自然是拉萨十分著名的强巴佛，也就是人们熟知的弥勒佛。据说，强巴佛控制着西藏的风雨，每年藏历新年活动结束前都要举行"展佛"活动，也就是把强巴佛塑像请出去绕大昭寺一周。强巴佛殿外面的五位高僧分别是萨迦五祖，即萨迦派五位法位继承人。虽然藏传佛教是一个整体，但由于实践和方式上的不同，渐渐形成了四大教派：宁玛、萨迦、噶举和格鲁。其中，萨迦派在它影响最大的时候覆盖了整个西藏地区，建立了萨迦政权。八思巴神像位于殿内最右边，他是萨迦政权五法王中的最后一位，是他把藏传佛教文化传到了汉族和蒙古族领地。八思巴还曾是蒙古汗王忽必烈的帝师，他创造了蒙古新字。正是在八思巴的影响下，蒙古才与佛教文化有了不解之缘。

拉萨主要的转经活动都是以大昭寺的释迦牟尼佛为中心而进行的。跟着虔诚的信徒，沿千佛廊绕"觉康"佛殿转一圈"囊廓"方为圆满，这便是拉萨内、中、外三条转经道中的"内圈"。除了"内圈"，围绕大昭寺的为"中圈"即"八廓"，也就是古老而热闹的八廓街；围绕大昭寺、药王山、布达拉宫、小昭寺的为"外圈"，即"林廓"，这一程已绕拉萨城大半。

● 八廓街，朝圣的必经之路 ●

作为围绕藏传佛教圣地大昭寺的环行街道，八廓街的形成同藏传佛教的联系非常密切。藏传佛教成为藏族普遍信仰后，信徒们为了积累今生的福分以及修来世，会在日常生活中参与各种宗教活动。而信徒们在从事宗教活动时特殊的祈祷方式对八廓街的产生起到了很重要的影响。

藏传佛教的祈祷方式具有自身的特色，包括转经、诵经、叩拜、挂经幡、刻玛尼石、供酥油灯、煨桑等，其中最具有代表性的自然是转经。转经分为转"廊热"、转"玛尼筒"和转"玛尼手轮"。转"廊热"就是围绕佛像、佛寺、城市或神山圣湖绕行。信徒们以这种特殊的方式，表达自己对神山圣湖养育保佑之恩的感激，信徒们认为绕这些圣物转经能够得到礼佛敬佛的功德。

转"玛尼筒"就是转动寺院内的"玛尼筒"。"玛尼筒"一般用木或铜制成，筒内装有佛教经典，筒外刻有六字真言。藏传佛教教律规定，顺时针转动"玛尼筒"一周，等于诵读了一遍它里面的经文。而五体投地的叩拜是藏传佛教信徒对佛最虔诚的礼拜方式，代表心、口、意都与佛相融，与佛融为一体。

古代的信徒们大多数不识字，他们把六字真言写在"玛尼手轮"里，转一圈就代表朗诵一遍真言。在藏族地区，总能看见不少信徒手里拿着高约7厘米，圆径约10厘米，两边垂着小耳的玛尼手轮不停转动。

参与到大昭寺门口转经和磕长头的队伍中，大抵就会明白，无论尘世中有多少情绪，在这里都会慢慢归为平静。如果住在八廓街，或许天还没亮就会被街上的声响吵醒，除了时断时续的木板声与念诵声，还有持续不断的嘈杂声。天空还沉睡在浓郁的夜色中，八廓街上已经人头攒动，走动着的磕长头的人，转经的人，构成了八廓街清晨亮丽的风景线。夜色中，靠近大昭寺一侧的小道上逆时针排队的人已经不少，小道用绳子隔出，仅容一人通过，他们是等待进入大昭寺朝拜的信徒。逆时针的排队人与顺时针的朝拜者们也许并不相识，但是打照面时，有些排队的人会从口袋里掏出钱，递给从他身旁经过的朝拜者。磕长头的朝拜者接过钱，双手合十朝向施主一拜以表感谢。他们可能都不富裕，却都在用自己的方式表达对信仰的敬意。这么多人聚集

在一起，没有大声喧哗，只是低语叨扰。

　　八廓街的街道上铺着正方形的黑色青砖，街道中间有一条用长方形青石板纵向排列铺出的道路，磕长头的信徒们就在中间的这条道路上用身体丈量着这条转经路。古城的青石板路仿佛都有被岁月打磨之后的光滑质感，但这一条石板路是被信仰磨平的，走在上面能让人感受到一种真切的厚重感。外来游客有些也会加入转经队伍中，跟着转经的人群围着八廓街绕圈，无所求亦无所想，只是认认真真地走着每一步路，任凭八廓街上的声响飘过，只求在这一步一步之间打磨出一颗平静的心，并不奢求转经的功德。

　　行走在八廓街上，总能遇到很多出家的僧人和在家的世人。健壮的青年男子脱了鞋光着脚，磕着长头展示自己的虔诚；拖家带口的母亲把两个年幼的孩子用长绳子拴在腰间，跟不上母亲节奏的孩子小跑着跟母亲一同叩拜下去；蹒跚的老人拄拐前行仍然不忘拨动手中的念珠，摇动转经筒；即便是只有一条腿的人，也在用一条腿完成走三步、跪下、俯身、站立的一整套动作；自然还有四五岁依然顽皮的孩子，每次磕头都会纵身一跃，向前滑行很远，但当他把头完全贴在地面上时，超脱这个年岁的虔诚就展现出来了。他们中有的三步一磕头，有的一步一磕头，有的一步三磕头，有的一步朝着四方各磕一个头。信徒们在八廓街上修炼自己，同时也塑造了这当世无双的

八廓街。

　　游走在转经的队伍中，无论是否信仰佛教，你都可能会模糊自己游人的身份，成为他们中的一员。也只有在此时此刻你才能体会到，作为旁观者，对于信徒们的描绘与评价是那么的苍白无力，这是一种直击心底却又平静无比的力量。排队人的低语、转经人的诵念、磕头人合十礼与朝拜礼的声响就在周围回荡。只要有声音出现在这条街上，它们不是向上飘远，而是伴随着信徒们虔诚的脚步沉入地下，融汇成八廓街上低沉且有力的声响，辽远又深沉。

　　八廓街上的声响总是持续不断，时光在八廓街的石板上静静流淌。当夜幕悄悄降临时，你会发现八廓街的夜色很美，带着藏文字符的路灯照着石板和街上的白墙，让人感觉温暖适宜。走在熙熙攘攘的人群中，没有人会注意到你，所有人都朝着顺时针方向前进。就算你有再多的委屈，也会在人群中风干，等你走出人群，离开八廓街，所有的委屈都会留在那里。你，又是一个全新的自己。

● 多方宾客至，万般烟火聚 ●

　　不同的人对同一件事物的认识不同，同一件事物赋予每个人的意义也不尽相同，旅行就是这样。从一个对自己有特殊意义的地方，到另一个对于别人有特殊意义的地方，去体会一下别人生活的意义、存在的意义、人生的意义，这就是旅行的真谛。至于体会到的是什么，仁者见仁，智者见智。

　　八廓街是反映拉萨旅游乃至西藏旅游"温度"的晴雨表。往年，只要进入"无边落木萧萧下"的时节，拉萨旅游也就进入了所谓的"淡季"，这时八廓街上卖藏饰品的小商贩们也会像冬日一样晚出早归。随着拉萨旅游环境的不断改善，西藏自治区内外旅游合作的升温，这两年拉萨旅游市场呈现出了"淡季不淡""四季如春"的新景象。

　　如今的八廓街日渐走入更多人的视野，仿佛是一面镜子，从这里可以看到这片土地的神秘之处，兴衰变迁。街道铺满的石块是手工打磨的，街边陈列的是老式的藏房。临街的房间几乎都是商店，藏族佛教用品和民族特色的小商品琳琅满目。超过千家的流动货摊，转经筒、藏袍、藏刀等各式各样的商品，让人目不暇接。更有许多从印度和尼泊尔远道而来的小商品，让人流连忘返。白天的八廓街热闹非凡，熙熙攘攘，人们一边挑选心仪的物品，一边感受浓烈的西藏风情。蓝天白云、鲜艳的屋顶、洁白的墙壁构成了这座古城特有的风景。那些背着长枪短炮的摄影师蹲守在各个角落，企图捕捉这些风景，拍下他们心目中最美的照片。

夜晚的八廓街又是另一番景象。灯火驱散了夜色，照耀街道上的藏式店铺，让人眼花缭乱。夜幕降临之时，酒吧里的乐曲混杂着街上的叫卖声，新鲜出炉的各色美食飘出阵阵香气，挑动着人们的味蕾。原汁原味的藏式美食吸引了大批食客，牦牛肉筋道弹牙，酥油茶香气扑鼻，糌粑绵软醇厚。除了藏族美食，八廓街上的川菜、湘菜、广东菜、西餐等也是应有尽有，可以满足不同食客的需求。

白天的八廓街人声鼎沸，夜晚的八廓街香气扑鼻，清晨的八廓街则肃穆庄重。每天天刚蒙蒙亮，就有远方的信徒们不绝如缕地前来，开始了一天之中最为虔诚的朝拜。信徒们的双手扬起又落下，身体匍匐又起来，反复地重复这一动作。他们仿佛是接到了统一的命令一般，在这条街道上一直走下去。

八廓街除了被认为是虔诚信徒的朝拜之地，也是很多外来游客探寻西藏历史的好去处。在八廓街，如果你想感受西藏的历史积淀，可以参观大昭寺、小昭寺、仓姑寺、根敦群培纪念馆和清政府驻藏大臣衙门等。在八廓街，你还也可以享受购物带来的快乐，做工精湛的藏刀、藏香、藏饰等，蕴含民族特色的唐卡、藏毯、藏帽等，让人流连忘返的风干肉、糌粑、酥油茶等，还有风情万种的外国商品，八廓街可以满足你的各式需求。

冲赛康批发市场和八廓商城是小商品集聚地，其中，八廓商城比雪域旅游商场大一些，有上千户商家入驻，东西也更齐全，藏式木碗、盛糌粑的盘子、手工披肩、氆氇等应有尽有，商品价格也非常便宜。在丹杰林路的雪域旅游商场里，各色商品齐聚，其中最典型的莫过于藏式小商品，佛珠手串、蜜蜡、绿松石，还有牦牛肉干、藏红花等。在这里，几十元钱就能买到一串做工精致的手串。如果想要买一套合乎心意的藏装，北京东路有许多藏装店，既有成品，也可以定制。若想买布料质量好一些的藏装，777 藏装店、888 藏装店都是不错的选择。

寺庙周边的小吃店大多出售酥油茶、甜茶、土豆片和藏面，走累了可以坐下来喝一杯酥油茶，看看周围的藏式风情。这里有玛吉阿米，也有肯德基，这里有藏面、酥油茶，也有咖啡、西餐。外国的肯德基与国内的火锅并存，外来的服装品牌与中国的民族品牌同在。你可以在玛吉阿米看一看仓央嘉措笔下的诗情画意，去光明港琼甜茶馆喝一杯藏家甜茶，在丹杰林巷欣赏藏式建筑，去老拉萨粥坊喝一碗粥，在八廓商城淘一淘藏式木碗、唐卡、卡垫、佛珠手串，去777藏装店定做一套藏装，在肯德基吃一次快餐。可以说，八廓街是一个极具包容性的街区，传统与现代相结合，保留与接纳同在。

在未来的规划中，八廓街将按照"藏文化旅游景观、拉萨商业风格、特色服务体验、窗口示范作用"的定位，整合现有的八廓街区、朵森格路南段土特产购物街、朵森格路北段服装服饰街、丹杰林文化旅游体验街、小昭寺和北京东路民族服饰街等商业街区，集中打造功能配套完善、商旅互动的八廓街旅游商业综合街区。[①]

未来的八廓街一定会更好，本地人会因此有归属感，游客也会有认同感。

---

① 左荣芳、张梦荣：《八廓街将打造藏文化旅游景观》，载于《西藏日报》2017-01-05。

冬季拉萨的其他街道上几乎已经看不见游客的身影，但八廓街上却依旧人头攒动，五湖四海的游客蜂拥而至，使这儿呈现出繁荣的生机。商家们自然不会放弃机会，乘机进了大量的商品，希望冬日的生意依然红火。很多游客都能在八廓街收获巨大的快乐，这里有对信仰最好的解释，有让人们心生敬仰的所在，也有一个挨着一个的商铺，万般绚烂的人间烟火。

第三章
历史长河中的见证者

那一刻,升起风马旗,不为祈福,只为守候你的到来。那一天,闭目在经殿香雾中,蓦然听见,你诵经时的虔敬语言。经幡、唐柳、石碑……都是历史的见证者,向人们诉说着往事。而今,八廓街上,大昭寺金顶在阳光下灿烂夺目,旅游者和转经者络绎不绝,孩子们在街上追逐玩耍……

●八廓街的四根经幡巨杆●

熟悉西藏的人对风中飘扬的经幡都不会陌生,经幡又名"风马旗","风马"在藏语中叫"隆达","隆"意为"风","达"意为"马"。关于风马旗的传说有很多,流传最广的是这样的一则:佛祖坐在菩提树下,手持经卷闭目思索。一阵大风吹走了佛祖手中的经书,经书在风中碎成千万片,被风带到了正在遭受苦难的人身边。那些得到佛祖经书碎片的人,都获得了幸福。为了感谢佛祖的恩赐,人们便用彩布制成三角形,在上面印上经文和佛祖画像,把它挂在能够吹到风的地方,以祈求消灾,祈求平安。

风马旗的图案大有讲究,通常人们会在旗面上印刷红色或黑色的图案和经文,图案有佛像、菩萨、护法神、宝马驮经、宝塔、坛城等,经文有章句、六字真言、符咒等。插挂风马旗象征着人们与神佛的沟通,可以祈求和谐吉祥。

千百年来,悬挂经幡是藏族地区广为流传的宗教习俗,不仅仅利于自身修行,还有利于众生福禄。哪里有经幡,哪里就有善良吉祥,因为上苍诸佛保护一切制造和悬挂经幡的人。

八廓街角落里的经幡旗杆历经沧桑,如今仍矗立在原地,默默静候着人们瞻仰。八廓街东南角的经幡旗杆叫"甘丹塔钦",所谓"塔钦"就是那些印有经文等宗教饰物的长柱。传说,15世纪初,宗喀巴在拉萨河南岸的山上兴建甘丹寺，竣工当天，宗喀巴却身在拉萨城内的大昭寺附近。他的弟子前来寻找宗喀巴以告知竣工喜讯，寻找良久，终于在八廓街的东南角遇到了宗喀巴。宗喀巴得知喜讯后十分高兴，立即将手杖插在地上，在路旁席地而坐，念诵吉祥文。此后，人们在宗喀巴插手杖处立起了"甘丹塔钦"，旗杆内装藏有宗喀巴的这根手杖。1409年，宗喀巴举办第一届祈愿大法会，在八廓街的东南角竖立了大旗。法会结束后，信徒们在插旗之处又竖立了一个"甘丹塔钦"，内装宗喀巴的另一根手杖，作为纪念。

"甘丹塔钦"旁边的角落中有一座黄色的房子，就是现在著名的玛吉阿米餐厅。墙上的浮雕是街头流浪的东苏拉姆，传说她是大昭寺"吉祥天母"班丹拉姆之女，游手好闲，遭到母亲驱逐，只得流落街头，在这个角落乞讨为生。有些途经浮雕的行人会向浮雕墙撒一把糌粑作为施舍。顺着八廓街东南角右拐之后第一座老房子是"拉让宁巴"，宗喀巴大师主持维修大昭寺及举办祈愿大法会时，曾在这里居所。因此也可以说，"拉让宁巴"是当时祈愿大法会组织委员会的"临时办公室"。

"松曲热瓦"是八廓街南侧的一片空地，竖立在它前面的经幡旗杆，名为"格桑塔钦"。高耸入云的经幡旗，以一种独特的方式向人们叙说着西藏历史上的又一个神奇故事。由于第巴·桑杰嘉措和拉藏汗不合，第巴·桑杰嘉措试图驱逐和硕特蒙古的势力。而六世达赖喇嘛仓央嘉措是在第巴·桑杰嘉措的主持下完成坐床典礼的，因此当拉藏汗掌握大权后，仓央嘉措处处遭受责难，并被质疑不是真正的转世灵童，请求康熙皇帝将其废除。随后，康熙命人将六世达赖喇嘛仓央嘉措废除，并"解送"北京。关于六世达赖喇嘛仓央嘉措之后的命运，世上有很多传说，有的说他抵达青海后圆寂了，有的说他藏身躲避且活到了60岁。

在六世达赖喇嘛仓央嘉措离开西藏后，拉藏汗直接认定益西嘉措为五世达赖喇嘛的转世灵童，并迎至布达拉宫达赖喇嘛的宝座。但是，他的这个做法引起了三大寺僧人的强烈不满。他们瞒着拉藏汗在朵康地区找到了六世达赖喇嘛的转世灵童，并迎请到拉萨举行坐床仪式。据史书记载，当七世达赖喇嘛一行来到拉萨时，阳光明媚，房顶上经幡飘扬，居民列队迎接，格鲁派寺院僧人手持伞盖、法幢、鲜花等供品，吹奏乐器迎接。八廓街"格桑塔钦"的竖立，就是拉萨民众为了纪念七世达赖喇嘛格桑嘉措到达拉萨。

大昭寺西门不远处的经幡名为"曲亚塔钦",意思是"妙策大旗"。1642年,五世达赖喇嘛的大管家索南饶丹和蒙古的拉尊瓦洛桑丹津二人带领2000多蒙古骑兵到前后藏,联合前藏地区第巴·吉雪巴的军队,击败了藏巴汗。此后,经过几年的激战,西藏地区两个敌对的僧俗势力集团的对峙,最终以格鲁派的全胜而结束。为纪念这次胜利,树立了"曲亚塔钦"。[①]

佛教的兴旺和尊严基本渗透到了藏族人民生活的各个角落。在以前,如果一位藏族姑娘年满16岁,就到了成年出嫁的年龄,她就要被带到"曲亚塔钦"前举行一个仪式来庆贺成年。在北美洲,有一个叫阿帕奇人的游牧部族,刚刚成年的女子也要举行一个日升舞会,用一种特有的方式把刚刚成年的姑娘送上人生的又一个旅程。尽管人类生活方式不同,但要表达的意义往往很相近。

在庆贺成年那一天之前,藏族姑娘的父母会为她们准备好丰富的珠饰,其中一定会有"巴珠"。"巴珠"就是先用假发做成3个高高耸起的发髻,戴上头顶的时候,3个发髻摆成三角形,每个发髻的顶端系上一颗又大又圆的珠球,用精心串好的珠链把3个发髻围好装扮起来。3个发髻靠脑后的那一角,还要编上一个修饰得非常漂亮整洁的小辫子。做成一顶"巴珠"很不容易,这些姑娘的父母需要提前许多天,甚至要不分昼夜地赶制,对女儿的一片爱意就这样被他们编结到了"巴珠"中。没有珍珠、宝石或珊瑚的贫苦人家,依然会想尽办法找来假珠饰替代,竭尽全力为女儿做一顶满意的"巴珠"。他们用自己的实际行动珍爱自己民族的传统和习俗,诚心虔意恪守它,在这一过程中细品这仪式中的每一个细节。

到了举行仪式的这一天,一大早,父母就要亲自为女儿戴好"巴珠",然后用各式各样的耳饰、项饰、手饰、指环将刚刚成年的女儿打扮一番,最后再让女儿第一次围上花条长围裙,这条围裙被称为"邦典"。装扮好了的姑娘,在父母邻里们的陪伴下,来到"曲亚塔钦"前。姑娘先在经幡旗杆上挂起一条哈达,接着在旁边烧起香火,然后围着大桅杆一圈一圈转着念经。在这庄重神圣的气氛中,站在桅杆前的亲人们都在为姑娘祈祷、祝福。仪式

[①] 益西曲珍:《论拉萨八廓古街形成的原因》,拉萨:西藏大学硕士学位论文,2010年。

结束后，无忧无虑的少女就算脱离了孩提期，走进了妙龄女郎的时代。

庆贺仪式将唤起姑娘们对自己青春年华的觉醒，让她们更加热爱和珍惜这一段珍贵的光阴。在觉醒的时刻，这个富有象征意义的仪式，也在向姑娘们宣布，佛教伦理与尊严对她们的一生的影响正式形成。①

● 文成公主亲手栽种的唐柳 ●

"候馆梅残，溪桥柳细，草薰风暖摇征辔。离愁渐远渐无穷，迢迢不断如春水。"母亲折柳相送后，文成公主与故土渐行渐远，离愁也渐远渐无穷。大昭寺门前，有一棵古柳的树桩，棱角峥嵘，像一匹卧狮静静地蹲伏。西藏当地的百姓都知道，那是一棵"唐柳"，又叫"公主柳"。1300多年前，远嫁吐蕃的文成公主，从几千里外的大唐带来并亲自种下了这棵柳树。

告别繁华的唐朝都城长安，文成公主远嫁吐蕃赞普松赞干布。文成公主进藏时，队伍庞大，带的嫁妆自然也十分丰厚，有释迦佛像、珍宝、金玉书橱、360卷经典、各种金玉饰物……在这些之外，还有母亲折给她的柳枝，一直被她珍藏着。一个远嫁的女儿，带着太多无奈和凄凉，远赴未知之地，是何等的大义凛然。在许多文人的笔墨渲染下，当年仅有16岁的文成公主显得那么坚强勇敢，远嫁的路她走了近3年，而那柳枝也跟着她跋涉了3年而不死，并最终扎根在拉萨这片土地上。

在拉萨古城中，随处可见唐柳的身影，河岸上、街道边、寺庙里、居民区、机关大院内，许多的柳树身上还挂有林业部门认定的"古树"号牌。相传，这些柳树都是文成公主亲手栽种的。思乡心切的文成公主，回首东向凝望长安，久而久之，这些柳树的树干也慢慢左旋。因此，人们又称它们为"左旋柳"。据说，西藏以前并没有柳树，是文成公主到达拉萨后，将灞桥别离时皇后所赐柳枝亲手栽种在大昭寺周围。从那以后，唐柳根扎高原，不断繁衍，延续着汉藏1300多年的情谊。

---

① 杜培华：《八廓街踏古》，载于《中国西藏网》2018-02-07，http://www.tibet.cn/cn/rediscovery/201802/t20180207_5442552.html。

文成公主进藏时，除了带着皇帝送给她的那些价值连城的陪嫁，还有500驮五谷种子、1000驮锄犁以及数百名技艺高超的工匠。藏族人民非常崇拜文成公主，认为西藏的五谷杂粮都是由文成公主带来的，还认为公主带来了许多颜色不同的绵羊，因为绵羊过河了，所以只剩下一种颜色。

文成公主在西藏生活了近40年，在这段时间她是幸福的。文成公主用她的智慧和善良、她的修养和豁达、她的博大和美好，温暖着她的夫君——那位历史上的大英雄，同时也获得了这个英雄的加倍敬爱。他们的这段联姻堪称千古绝唱。大昭寺门前的那棵"唐柳"，活了13个世纪，一直枝繁叶茂地活到20世纪中叶，成为信徒心目中的一棵神树。信徒甚至认为它就是释迦牟尼的头发，折一根柳条、捡一片落叶带回去，就是最值得珍藏的圣物。

"汉地的公主与众不同，文成公主更加非凡！"藏族人民认为，松赞干布是吐蕃最伟大的赞普，而他的汉妃文成公主被神化成为度母的化身，同样被广大信徒敬仰。在西藏民间，广为流传着许多关于文成公主的传说和故事，其中《智娶公主》是他们特别爱听的故事之一。虽然，从历史角度来讲，这段联姻属于"政治联姻"，但文成公主穿山越岭远嫁吐蕃，为吐蕃的发展做出了贡献，也实为"浪漫之举"，因为她为汉藏民族间友好打

下了坚实的基础。

历史的风雨能改变世间的许多东西，却很难消磨人们对文成公主传奇经历的记忆。随着"唐柳"的年年新绿，这段跨越万里的和亲历史越发清晰。唐朝与吐蕃的情谊经历了200多年，形成了历史上有名的"茶马互市""古茶叶之路""唐蕃古道""古麝香之路"，等等，吐蕃还派出一批批学子到唐都长安学习。

"唐柳"，用它坚韧的生命力，成为牢不可破的民族团结的象征。西藏和平解放70年来，一代代优秀的中华民族儿女继文成公主之后奔赴雪域高原，为祖国的统一、民族的团结和西藏的发展奉献自己的光和热。"唐柳"是汉藏民族大团结的历史见证，在"唐柳"之下，"唐蕃会盟碑"上藏汉两种文字至今清晰可辨："唐蕃社稷如一，结立大和盟约，永无渝替，神人俱以证之。"

● 唐蕃会盟碑，藏汉友好的见证 ●

大昭寺前面的小广场，有两块被围墙围起来的石碑。其中位于南侧的是历史上著名的唐蕃会盟碑。唐蕃会盟碑，又名"长庆会盟碑""甥舅会盟碑"，立于公元823年，也就是唐朝长庆三年二月十四日，是为了纪念唐朝和吐蕃政权长庆会盟而竖立。当时，唐朝与吐蕃都呈现出衰败的迹象，为了各自能够集中精力应付内部的严重危机，双方决定互相扶助。唐蕃会盟碑被称为"目前人们所知道的亚洲最重要的铭文纪念碑"。公元704年，吐蕃赞普赤德祖赞继位后，派自员到长安去请求联姻。经过长期努力，唐中宗皇帝终于同意将金城公主嫁给他。公元710年，继文成公主嫁与松赞干布之后，金城公主进藏，这次联姻同样是藏汉关系史上的一个重大事件。

藏汉之间的甥舅关系，流传着许多有意思的传说。其中一个是这样的。金城公主生了一个孩子，但孩子刚生下来就被妃子那囊氏抱去抚养，还不承认是金城公主的孩子。为了争夺孩子，两个人发生了很多摩擦。王子周岁的时候，要举办庆宴。赤德祖赞将那囊家的人和来自中原的汉族亲友都请了来，说："孩子满一岁了，可还没有认舅舅，今天就让他自己认认舅舅吧。"说着，赤德祖赞亲了亲王子，在他手里放了一杯装了酒的杯子，对他说："孩子，要想得到真正的母亲,就得先认出真正的舅舅,去认吧!"

听完这话那囊家的人和汉族的亲友们都一下紧张起来。那囊家的人清楚今天的王子就是将来的王,失去王子一定会动摇他们的权力和威望。于是,那囊家的人有的拿着送给孩子的斗篷,有的拿着五颜六色的玩具,面朝王子说:"到舅舅怀中来!到舅舅怀中来!"七嘴八舌,嚷成一团。汉族的亲友自然不愿意落后,看着公主忧伤的面孔,他们也忍不住伸出双手叫着孩子:"来!来!来!到舅舅怀里来!"

王子举起酒杯斜眼看着那囊氏的亲友们,说:"我赤松德赞是汉家的好外甥,那囊家的人怎能当舅舅!"说着,便把酒杯放在汉族亲友手中,投到汉族"舅舅"的怀抱中去了。金城公主见了,高兴得热泪盈眶。这个汉族的外甥,就是吐蕃政权的第五位赞普。

关于甥舅关系,在赤德祖赞写给唐玄宗李隆基的奏章中可以见到相关文字。奏章中这样写道:"外甥是先皇帝的舅宿亲,又蒙降金城公主,遂和同为一家,天下百姓,普皆安乐。"其中"和同为一家",后来被刻进了唐蕃会盟碑里面。那段时间,唐蕃一方面互派使者献供、不断和谈调解,另一方面又派兵争夺边界,发生了很多次激烈的军事冲突。后来,唐穆宗继位后,经过双方多次接触和调解,为了长期和解,决定"刻日月于巨石",写甥舅同盟碑。

唐朝长庆元年,也就是公元821年,唐朝唐穆宗李恒登基,当时的吐蕃赞普赤祖德赞,前后2次派遣使臣祝贺,后来还派人到唐朝首都长安,请求会盟,唐穆宗同意了。公元821年9月,唐穆宗命令宰相及大臣共17人与吐蕃使团在长安西郊会盟。接着,唐穆宗派遣正使刘元鼎、副使刘师老与吐蕃使者论讷罗一起前往吐蕃。第二年4月,他们到达拉萨。公元822年5月,双方在拉萨设盟坛会盟。公元823年,在长安、大昭寺和唐蕃交界处竖立三块相同的石碑。唐朝派遣以杜载为首的使团来到拉萨,参加同年2月14日在大昭寺前举行的唐蕃会盟碑落成典礼。当时的三块石碑,如今只剩下唐蕃会盟碑,其他两块已经湮灭。

唐蕃会盟碑四面都有铭文,其中西面为碑阳,刻有盟约文本,简单记述了从松赞干布到赤祖德赞之间大约200年间的唐蕃和亲友好历史。有汉文和藏文两种文字,其中藏文为左半部分,汉文为右半部分,自右至左竖排。北

面为吐蕃参与这次会盟的官员名单，一共17人，上为藏文，下为姓氏与职衔的汉字译音。南面为唐朝参与此次会盟的官员名单，共18人，上为藏文，下为汉文。东面为碑阴，盟词全部为藏文。

盟文里记载："今社稷叶同如一，为此大和。然舅甥相好之义善谊，每须通传，彼此驿骑，一往一来，悉遵曩昔旧路，蕃汉并于将军谷交马。其绥戎栅已东大唐只应清水县，已西大蕃，供应须合舅甥亲近之礼，使其两界烟尘不扬，罔闻寇盗之名，复无惊恐之患。封人撤备，乡土俱安，如斯乐业之恩垂于万代，称美之声遍于日月所照矣。"（据王尧先生的《唐蕃会盟碑疏释》）据历史记载，自从建立这个碑后，唐蕃之间的纷争，便宣告结束了。

因为这个石碑是唐朝与吐蕃以甥舅的情谊立下的，所以它又被称为"甥舅会盟碑"。如今，石碑身上的字都被磨光了，碑面上还被抹了很多酥油，酥油上又贴上了许多钱币，上面的字都被掩埋在纸币下了。虽然碑下的土地与其他地方的地面一样高，但考古学家曾挖开石碑下的土层，发现这块碑本立于一只巨大的石龟的背上。在漫长的历史中，碑体被掩埋了将近2米。

唐蕃会盟碑碑文还讲述了蕃唐双方和亲"永崇甥舅之好"的历史："舅甥二主商议，社稷如一，结立大和盟约，永无沦替，神人俱以证知，世世代代，使其称赞。"拥有不同政治观点的历史学家，对于西藏的历史向来有不同的说法，可藏汉民族的后人，却能够通过这块石碑，感受到他们的祖先如何兵戎相见又握手言和，甚至结下甥舅关系，就如同文成公主的故事一样。

●驻藏大臣衙门，消逝的庄严与凝重●

藏式传统大院"冲赛康扎康"已经有300多年的历史了，是一座三层藏式楼房院落，位于古城拉萨八廓街北街，地处拉萨老城区中心地段。清朝政府曾在这里成立第一座驻藏大臣衙门，供驻藏大臣办公和居住。从大院南楼的窗户可以近距离欣赏八廓街的繁华景象，所以这里又被称为"冲赛康"，意为"可以看到集市的房子"。

历史上清政府在拉萨设立过好几处驻藏大臣衙门，由于八廓街上的旧址依然存在，因此后人将这里加以修复作为旧址陈列馆。2012年1月，居住在这个大院的144户居民，整体搬迁到了贡布塘的现代化公寓。

位于八廓街北面的市场，后来也被人们称为"冲赛康"，只是很多人并不了解，真正的"冲赛康"是坐落在八廓北街的一座三层楼高的建筑。它的顶楼周围装饰有深红色的"边玛草"，这些"边玛草"让它的顶楼装饰显得与一般建筑不同，因为这是一种身份地位的象征，只有寺庙、活佛、贵族的

房屋才能使用。据说，"边玛草"的作用不仅仅有庄严肃穆的装饰效果，还能减轻整体墙体的分量，有一定的保暖作用，在古代"边玛草"还有防止弓箭进攻的作用。

"冲赛康"有一位为世人所熟悉的岗祖老人，大家都亲切地叫他老书记。1939年，岗祖出生在一座紧邻大昭寺的藏式小楼里，1962年至2014年，他一直在冲赛康居委会工作。1987年，岗祖担任冲赛康居委会党支部书记，一干就是27年。2014年退休后，他又在拉萨冲赛康商贸有限公司担任经理一职。活到老，奉献到老，岗祖被评为"最美老有所为人物"之一。对于"冲赛康"的发展变化，这位老人有太多深刻的感慨。

站在冲赛康批发市场三楼的办公室里，眺望着窗外的街道和人群，岗祖老人打开了多年的记忆。"以前，'冲赛康'只是一片叫'色穷当热'的沼泽地。这块地方虽然一直是拉萨市的中心地段，却总是又脏又乱的。在当时，只有一些从农村来的商户在这里出售萝卜、牛粪和陶罐等商品。即便是这样，这里在当时依然是拉萨最大的商品集散地。"岗祖老人继续说，"在我开始工作的时候，每天都有来自康区的康巴人，来自后藏的日喀则人，来自北部的牧民，还有附近的农民等等，聚集在这里。大家拿着自家生产的农畜产品、手工艺品和从尼泊尔带来的珠宝首饰在这里进行交易。那时候，整个拉萨地区都没有一个正规的商贸市场，由于特殊的地理位置，'冲赛康'成为当时最有名的商贸交易场所。"

改革开放前，岗祖一直在立新铁木合作社担任副社长兼冲赛康居委会副主任的职务。作为合作社的一名技术人员，岗祖的月工资为75元。他的妻子在另外一个合作社当裁缝，每天的工资是1.5元。这些工资加起来刚刚能够维持一家四口人的生活。

改革开放后，"冲赛康"就像一块巨大的磁石，开始吸收能量，往来的人越来越多，商品的种类也越来越丰富。除了有本地人出售酥油、牛肉、陶器，还出现了一些摆地摊的外地人，以及许多从前未见过的小商品。这些小商品一般都是由国内其他地区的商人带到拉萨的。自此以后，"冲赛康"越来越繁华。再后来，一些商户开始在平坝子上用石头垒起摊位，用铁皮做屋顶，搭成小房子。平坝子迅速被临时商户的摊位占满，这些小房子逐渐形成了"冲赛康综合市场"的雏形。

1991年，为了规范管理临时摊位，拉萨市工商局开始兴建综合批发市场，一幢黄色的两层楼房。建成之后，这里成了西藏最完善的综合批发市场，"冲赛康综合市场"。拉萨人习惯把它称为"冲赛康商场"，或简称为"冲赛康"。随着经济快速发展，两层楼房的商场已经无法满足市场的需求。2011年，"冲赛康批发市场"开始重建。现在，当说到"冲赛康"时，首先想到的就是这个"冲赛康批发市场"——西藏最大也是最有名的小商品集散地。

现在的"冲赛康批发市场"，分为10大区域，包括一楼食品区、二楼百货区、三楼服装区。在这里，你不仅能看到新疆的干果、各种小食品、西藏产的酥油等，还能看到衣服、鞋帽、化妆品、小型电器等上万种商品，几乎能满足消费者的所有需求。不过，"冲赛康批发市场"80%以上的商品都来自义乌。这里批发商品的大部分商户来自浙江、甘肃、河南等地，有的甚至已经在这里待了十几二十年，都是老商户。附近的夏萨苏巷、其米夏巷、吉日一巷，在"冲赛康批发市场"的带领下，也逐渐成为分散的商业区。每当"三大节日"快要到来的时候，前来批发商品的农牧民群众平均每日可达上万人，熙熙攘攘，好不热闹。尤其是每年元月中旬是采购高峰期，那段时间的日均人流量可达到2万人。

此外，"冲赛康"被形象地称为"流动的古玩市场"，"冲赛康"的岔路口，一个充满神秘色彩的地方，在那你总能看到在拥挤的人潮当中，商人的胸前挂着各式各样的珍宝珠子，大摇大摆地站在市场的道路中间做生意。他们既是买主也是卖主，在卖东西的时候，如果看到一件中意的东西，会直接上前欣赏。如果真的想买，就会用西藏最具特色的"袖筒生意"讨价还价，在会心的笑和轻声的耳语中，不动声色地谈妥交易。

往日的驻藏大臣衙门早已随着时间而消逝，庄严与凝重也被掩盖在了时光的喧嚣中。见证了"冲赛康"从贫穷到富足的过程，从零落到繁华的岁月，岗祖老人不禁感叹："作为一个生在这里、长在这里的居民，我亲眼看到，亲身体会了几十年来这里发生的巨大变化。有党和政府的好政策，我相信'冲赛康'的未来一定会更加美好。"

●朗孜厦,"目击"残酷的"人间地狱"●

在拉萨老城区八廓街北段,有一座典型的藏式建筑,叫"朗孜厦"。这座建筑坐西朝东,南依大昭寺,占地720平方米,始建于公元17世纪中叶,原来是拉萨市政府。

帕竹政权时期,堆龙朗孜庄园是一个实力非常雄厚的庄园,作为柳梧宗下属,堆龙朗孜的庄园主朗孜巴在拉萨修建了一座官府,一个两层的石头碉房,被称为"朗孜厦","厦"在藏语中是房子的敬语。在五世达赖喇嘛时期,第司藏巴排斥打压格鲁派的势力。这场较量中,朗孜巴失败了,他被击毙,而他在拉萨的府邸也被没收。

后来,甘丹颇章政权建立,"朗孜厦"被更名为"朗孜厦列空",成为拉萨的司法机构。"朗孜厦"从这个时候开始成为旧西藏在拉萨市内设立的

最大监狱。朗孜厦属于石木结构建筑，一共 3 层，大门开在第二层，有 5 个牢房。第一层关押重犯；第二层囚禁轻犯和女犯；第三层是审判处和狱卒的住所。

进入朗孜厦的大门你会发现楼内一片昏黑，明媚的阳光也只能从一个天窗射进来，昏暗中阴森恐怖，让人毛骨悚然。进入大门后首先映入眼帘的是一个地牢天井。从井口往下望，里面只有方桌大小的一块阳光，犯人们可以通过这地方喝到雨水。关押重刑犯的一楼，曾施行骑铜马、站笼、戴木枷、脖子上挂石环、胸口上压石头、戴石帽等酷刑，很是残酷。

"朗孜厦"的二楼有 9 间牢房，关押着一般的囚犯。每间牢房都只有一个很小的窗口，房间里也是漆黑一片。墙上陈列的照片让人毛骨悚然，重现酷刑实施的场面惊悚恐怖。在一个房间的墙角处陈列着皮鞭、铁球、脚镣、手铐等刑具，虽然它们已经锈迹斑斑，但依然让人心惊肉跳。

根据记载，这座监狱施行过很多种酷刑，包括割鼻舌、割耳、抽筋、挖心掏肠、割头、割生殖器、剥人皮活埋、下油锅等等，甚至有将活人剖腹露出五脏，游八廓街一圈后杀死的酷刑。这些让人恐惧的刑罚，主要针对的是一些交不起赋税的平民和小偷小犯。这里还曾关押过根敦群培，这位"雪域奇僧"因为不愿顺从统治阶层而被关押。这位藏学先驱在狱中受尽折磨，出狱后不久便憾然离世。

旧西藏的法典规定："人有上、中、下三等，每等人又分上、中、下三级。"下等人触犯了上等人就要受到各种各样的刑罚。"十三法典"甚至还规定，"人有等级之分，因此命价也有高低"，上等人杀害下等人只需要赔偿一定"偿命费"即可。除了"朗孜厦"，在布达拉宫脚下还有一个更加让人毛骨悚然的地方，那就是"雪列空"监狱。那里有一个深不可测的地洞，百姓俗称"蝎子洞"。这是当年关押平民的地牢，里边曾经蓄养了无数手掌般大小的蝎子，专门啃咬犯人。

现在，"朗孜厦"成了西藏自治区重点文物保护单位，以及西藏青少年爱国主义教育基地。"朗孜厦"门外，繁华喧嚣，转经者接连不断，大昭寺金顶在阳光的照耀下灿烂夺目，孩子们在街上追逐玩耍，一片祥和。

● 根敦群培纪念馆，藏学先驱的足迹 ●

在八廓街大昭寺的南面，根敦群培纪念馆矗立在璀璨的阳光下，经过岁月的光环萦绕，它呈现出来的历史感更加强烈。走进纪念馆的大门，首先映入眼帘的是根敦群培先生的半身肖像，他就好像在迎接每一位来这里的客人。慢慢走过根敦群培的肖像，来到纪念馆的院落中心。在院落的中间有一口水井，水井周围有好多脚印，这些脚印都是根敦群培大师的。据说，如果你围绕水井沿着脚印走一圈，就是跟随根敦群培先生，和他一起走过善于思考、勇于探索、刻苦钻研的一生。

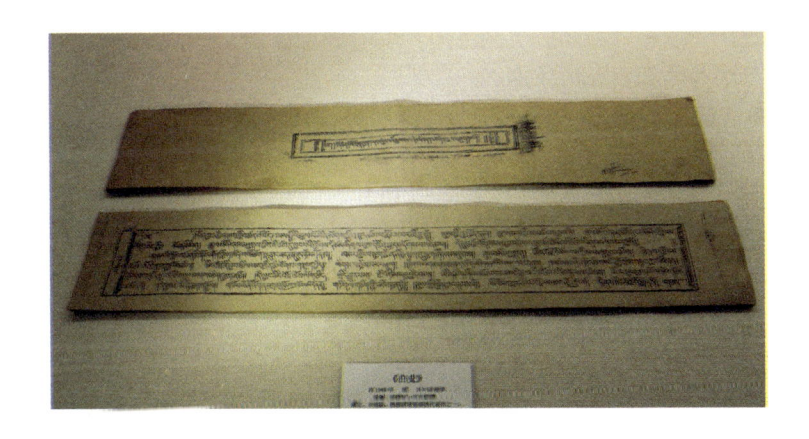

1903年，这位伟大的学者出生在青海省黄南藏族自治州同仁县的双朋西村。根敦群培年幼时就表现出了天赋，4岁就能读写藏文。在他7岁那年，他的父亲不幸染病去世，贪得无厌的叔叔骗走了他家的所有家产，母子二人不得不流落四方，饥寒交迫。然而，根敦群培从来就没有放弃过学习。9岁那年，他出家进入亚马扎西奇寺，跟随阿古丹巴大师学经，掌握了藏文文法，还学会了作诗、绘画和写文章。13岁那年，他被送到日贡寺，正式剃度为僧，名为根敦群培。根敦群培是20世纪50年代前期藏族杰出的诗人、翻译家、思想家、人文主义和理性主义的先驱。著名藏学家恰白·次旦平措曾说："根敦群培在其论著中所表达的思想，对于研究西藏社会和历史的人来说，犹如在黑暗中亮起一盏明灯，使人心智豁然开朗。"

根敦群培纪念馆是在原来的嘎如夏大院基础上建立起来的，也是根敦群培先生去世时的居所。按照"修旧如旧"的原则，2013年5月，根敦群培纪念馆开工修建，于2013年11月11日完工，建设规模达到1030平方米，并于根敦群培先生诞生110周年之际正式开馆。依据根敦群培先生生前主要经历，根敦群培纪念馆展区分为根敦群培先生故居、求学、旅居南亚、革命情操等区域，详细展示了根敦群培先生传奇的一生。纪念馆中，还存有两尊根敦群培先生的高分子蜡像，一个是他年幼时坐在卡垫上学习的蜡像，另一个是他成年后的蜡像。这两尊蜡像都栩栩如生，让后人能够有机会目睹一代大家的傲人风姿。

馆内还展示了根敦群培生前用过的碗套、木碗、木质酥油盒、木质糌粑盒、高腰皮靴、皮质褡裢、书架、写字板、装手稿的铁皮箱、手稿、笔记、日记、诗、唐卡等，甚至还包括他入狱后所处的"朗孜厦"监狱实景图文，这些实物，无不在为后人讲述大师传奇而又苦难的一生。

馆内展出的书稿中，最有价值的就是他留给后人的著名藏族史书《白史》。1945年，根敦群培回到西藏，开始写《白史》。为了写好《白史》，他四处拜师求教，还多次亲自去热玛岗、吴香多等吐蕃历史遗迹实地考察。经过三年的艰辛，根敦群培终于编出这本巨著。《白史》记述的是吐蕃芒松芒赞赞普时期以前的西藏历史，在写法上采用了与之前的任何藏族史学家都不一样的方法。他将宗教和历史严格地区分开来，并开创了科学利用古代文献资料的先河。《白史》还具有另外一个重大意义，那就是根敦群培将公元7世纪以来吐蕃在宗教上同印度的关系做了准确的论述。他还正确论述了吐蕃在政治上同唐朝中央政府之间的密切联系，这些论述为13世纪元朝中央政府直接有效的管辖西藏地方提供了有力可靠的理论依据，得到了国内外学者的高度评价。

在"朗孜厦"监狱的那几年，不仅让根敦群培的精神遭受了痛苦的折磨，其身体也被折磨得极为虚弱。出狱后，他的病情日益恶化，尽管中央人民政府派来了医术精湛的医护人员，但他还是因病情太重而医治无效，于1951年12月18日病故，享年47岁。根敦群培的一生，虽然短暂，却给我们留下了丰富珍贵的遗产，他刻苦求索的精神、严谨治学的态度和追求光明的积极性格，都是无形的资产；他热爱西藏，维护祖国统一，反对分裂的爱国主义思想，以及对朋友一片挚诚，对敌人疾恶如仇的高贵品质，都值得后人敬

佩和怀念。

根敦群培纪念馆能够做到完整详细地展示根敦群培的一生，是因为布置展馆的工作人员的辛勤付出。为了保证纪念馆藏品和辅助性设施的完整性和真实性，工作人员走访了西藏、青海、甘肃等地，详细询问文物收藏者、专家学者等，终于集齐了能找到的所有展品。在拉萨文化史上，根敦群培纪念馆是第一个为学者个人修建的纪念馆。

在根敦群培纪念馆内，我们虽然可以看到他的整个人生轨迹，却不能翻阅里面展出的书和书稿，参观者无法通过书籍更进一步体会大师的思想。于是，一家根敦群培书坊在纪念馆旁边建立了。参观完纪念馆后，去书坊读书，如果心生疑惑再去纪念馆观摩一番，一定能够帮助你更加深刻地体会大师的思想精髓和精神风骨。如今，静默矗立的纪念馆无声诉说着根敦群培一生的轨迹，也承载着他留给后人的宝贵财富。逝者已矣，那些值得纪念的事物必将与根敦群培的思想精神一样，永存人间。

中篇

ZHONG PIAN

中 当代新貌,凡尘烟火

八廓街上的古老建筑可以说是这条街的灵魂,这里仿佛是一座藏式建筑的博物馆,凝聚着藏式建筑的史书。穿梭于街上,能目睹信徒对圣地的瞻仰,能感受藏式节日气息,能体会八廓街独特的生意经,也能体味独特的人间烟火。

第一章
古宅建筑，八廓灵魂

藏式建筑的历史源远流长，在西藏，不论哪个区域，民居建筑都会体现出几个独有的风格。流传下来的古建筑像是史书，诉说着遥远的故事，仿佛是凝固了的一个个瞬间，等待后人去发现。在未来的岁月里，这里将演绎更多的悲欢离合，书写新的历史。

● 八廓，一座藏式建筑的博物馆 ●

藏式建筑有着源远流长的历史，最早可以追溯到新石器时期，距今有4500年左右。由于西藏地处高原，平原稀少，因此当地建筑大多矗立在高山之巅、河谷之上，藏式建筑特有的构造、材料和空间划分，无一不展现着地理环境对建筑的影响。

在西藏，不同区域的民居建筑风格也有所不同，仔细观察，其独有的风格显现得淋漓尽致。但无论什么风格，有四点是共通的：第一，所有建筑都特别重视阳光，都能最大限度发挥阳光的照明及取暖作用；第二，佛堂是一所建筑中最洁净、最尊贵的地方，佛堂中央悬挂着用彩缎装裱后供奉的宗教卷轴画，也就是唐卡，即便是在帐篷里，藏族百姓们也会将唐卡悬在最醒目的高处；第三，西藏的建筑非常看重颜色的搭配，屋顶及室内装饰色彩艳丽，花纹多样；第四，藏式建筑重视坚固的同时也强调灵动，比如插在屋顶的风马旗，不仅有宗教意义，也能为建筑增加一丝灵动的气息。

藏式建筑最集中的地方要数拉萨了，拉萨现存不少传统的老房子，这些房子主要集中在吉日区、夏萨苏区和八廓街一带，八廓街是最具代表性的。在拉萨其他街道中，大部分建筑物都是新盖的公共房屋，只有少数老房子分散其间。想要看传统藏式建筑，我们就必须要来八廓街，因为这里被誉为"藏

式建筑的博物馆"。

　　八廓街的房屋，就像旧时西藏的大多数居民建筑一样，主要用石料、泥土和木料建造，几间房屋围在一起，在其间形成一个中心庭院。

　　八廓街中最具代表的要数森厦了，森厦就是西藏旧时贵族在拉萨的府邸。它把贵族的乡村庄园引入了拉萨。森厦建筑通常的布局是：由主建筑和外建筑组成，主建筑一般三层，部分四层的建筑是后期加建上去的，因为在等级森严的封建时代，拉萨的建筑都不允许超过三层，并且不能超过大昭寺的高度，主建筑和周围两层的外建筑共同围出一个中心庭院。一般说来，建筑呈对称布局。想要进入庭院必须通过外建筑的中央大门。外建筑主要用作马房和用人宿舍。主建筑的最下边一层是储藏室、第二层是用人宿舍和家族佛堂，最上边一层是主人的住宅，这里的房间通常都带有大扇的窗户，明亮气派。森厦的房屋建造质量要比八廓街普通居民的住宅好得多，建造工艺也更加华丽、精细。

　　气势宏伟精致的森厦建筑给人以震撼，别具风情的藏式普通住房同样让人流连忘返。相对于森厦的宏伟精致，普通居民的住房就显得小巧实用得多，它通常由几个相连的庭院围在一起，组成一个大院落，这种房屋布局可能是从商队的客店演变而来，之所以这样说，是因为大量流动的贸易商常年聚集在此。这些建筑物过去往往归寺庙所有，由寺庙租借给商队并收取租金，所以建筑风格往往更加注重简易和实用，一般建两层或三层高。

藏式普通家庭的独立住房通常建筑规模是最小的，大概有三种类别：一种是贵族的夏季宅院，一种是小商贩或退休官员家族的住房，还有一种是小商店。这些建筑往往仅一或两层楼高。

"冲赛康"作为拉萨最古老的集市，较好地保存了老城的格局，是八廓街的最好实例。"冲赛康"大约是1700年建造的。"冲赛康"市场内的建筑把寺庙和森厦的建筑风格融为一体：沿建筑中心线严格对称，从下至上按等级严格配置，顶层楼有大阳台和华丽的内部装饰。室内天花板上，有红色边玛草条带，这种纹饰表明这里曾经是喇嘛或官员的住宅。

西藏的寺庙和普通建筑有异曲同工之处。在西藏，寺庙被称为"拉章"，也就是旧时高级喇嘛的宅邸。它们的布局都和森厦有些类似，主体建筑是佛殿，附属建筑物围在其周围，附属建筑物主要用作僧人们的住宅。主佛殿可高达4层楼，屋顶上的各种宗教纹饰十分醒目。

"拉让宁巴"古大院是拉萨最早的古建筑之一，曾是松赞干布时期吐蕃最有名望的重臣吞弥·桑布扎的府邸，之后，西藏著名的宗教改革家、格鲁派创始人宗喀巴大师曾在这里居住。到17世纪，五世达赖喇嘛早期将此作为寝宫，之后在大昭寺顶楼修建新寝宫后，从此搬出，将原来的寝宫称为"拉让宁巴"。

在拉萨，寺庙地位卓然，其中最著名的大昭寺把所有功能融于一身，既是寺庙，又是"拉章"和神龛。

八廓街上的建筑就这样以一种异彩纷呈的姿态，展现了拉萨的过去，守护着现在，展望着未来。

● 曲杰颇章，八廓街的第一所房子 ●

八廓街从形成到现在，经历了吐蕃时期、割据时期、萨迦时期、帕竹时期、甘丹颇章时期，直到今天，已有1300多年。八廓街全长约1公里，街道呈环形分布，环绕地区面积约有0.5平方公里，而在此区域里，不仅拥有西藏

最古老的寺庙——大昭寺，还保留了众多历史文化古建筑。历史在这条街上留下深深的烙印，时间好像在这里停滞，每一幢建筑物都有着它自己独特的故事，这里的文化，像窖藏的老酒，在时间的沉淀下显得越发醇厚。

八廓街的古迹，除了著名的大昭寺，不得不说的还有八廓街的第一所房子——曲杰颇章。

沿着八廓街转经路顺时针行走，在立新北街24号的院子里，有一幢很普通的两层小楼，它现在的门牌是立新北街24号院的附5号。这栋小楼东面临街的一面墙刷着白色的墙粉，墙上有一扇古朴的窗子，和白色的墙体形成鲜明的对比。透过窗子，正好可以俯视着临街的狭窄胡同，这样的设计既不影响通风，也不会因为周围密集的建筑给人以压抑的感觉。时至今日，这里依然还有一家幸运的居民住在这儿。小楼的二层有一个平台，平台上摆满了花盆，鲜艳的植物为这座古朴的小楼增添了不少生机，一个小木门沟通了楼房的内室，一切显得那么和谐静谧。这座古朴素净的小楼，就是八廓街的第一所房子——曲杰颇章。

曲杰颇章，就是"法王之宫"，是"四大宫殿"中的第一座。关于曲杰颇章的修建，还有一段美丽的传说。据传说，曲杰颇章是松赞干布建造的，作为他自己一个简易的行宫。松赞干布之所以要在此修建一处行宫，是因为当年决定要兴建大昭寺时，由于工程量非常巨大，松赞干布要亲自监督指挥，但因为工期很长，而且离布达拉宫较远，所以为了方便处理诸多事务，松赞干布决定干脆搬到卧塘湖边住下，这里离大昭寺的选址不远，于是，在荒芜的卧塘湖畔，人们建起了这所房子，和之后完工的大昭寺遥相呼应。

曲杰颇章孤零零地矗立在卧塘平原上，遥望着远处那气势磅礴的布达拉宫。据说当时后宫家眷们也一起随着松赞干布离开布达拉宫，住进了这处简陋的行宫，其中就包括文成公主。相传文成公主起火烧饭用过的灶台还保存在这所房子里。这所房子之所以成了后代吐蕃人所珍视的又一处圣地，就是因为松赞干布在这里住过，而且后期赤松德赞、赤热巴巾等一些著名的赞普也都曾在这里住过。至今这里还保存着包括松赞干布的著作《玛尼岗布》等许多的文物。

整个八廓街以此为始，逐渐向周围延展开来，成为今天众人所见的模样。可惜的是，当年的四座法王宫，如今只剩下这一座了。

● 拉让宁巴，时光在这里凝固 ●

拉让宁巴是拉萨最早的古建筑之一，它的藏语意思是"古老的活佛或高僧的居住地"，其中"拉让"指的是活佛的寝宫，"宁巴"在藏语中的意思是"旧"。历史上也把拉让宁巴称为"吞巴"。15 世纪时，宗喀巴大师创建了拉萨传昭法会，之后每年都会举行大法会。那个时候，宗喀巴大师就住在吞巴府的顶楼，所以那里又被称拉让宁巴。

吞巴府原本是旧西藏四大家族之一吞巴家族的府邸，吞巴家族是吐蕃松赞干布时期的大臣吞弥·桑布扎的后裔，吞弥·桑布扎是藏文字创始者。从15 世纪起，这个家族开始走向繁荣，到 18 世纪时已经成为当时西藏声名显赫的家族之一。1728 年，吞巴家族的后人在当时总理西藏事务的噶伦颇罗鼐的召唤下，从尼木来到拉萨，成为重要官员。噶伦颇罗鼐还为他准备了一栋三层宅院，这就是拉让宁巴。

这里不仅有西藏著名的宗教改革家、格鲁派创始人宗喀巴大师居住，17世纪时，五世达赖喇嘛也曾将这里作为他的寝宫，直到他在大昭寺顶楼新修寝宫竣工后才搬了出去。这个建筑比大昭寺还早些。据说当年筹建大昭寺时，正是在拉让宁巴画的规划图纸。西藏和平解放后，中国人民解放军驻藏部队的司令部也曾在这里安置。

毫无疑问，拉让宁巴曾拥有一段辉煌的历史，只是这些都已经成为记忆留存在我们心中，如今它成了居民大楼。当你走进大院，依然能够窥探到发生在其中的一幕幕历史故事。从大昭寺广场顺着八廓街按顺时针方向前行，慢慢路过玛吉阿米，西行大约 50 米，你会发现一棵千年的古柳。这棵枝繁叶茂的古柳就曾见证了拉让宁巴的悠久历史。因为拉让宁巴就坐落在古柳西侧，如今，虽然它淹没在沿街林立的商铺中，但那块拉萨拉让宁巴藏式环保设计建筑装饰有限公司的牌子依然能够让人觉得拉让宁巴就在附近。街边的一家商铺中摆放着藏式门帘、唐卡和一些简易的商品，看起来和八廓南街的其他商铺没什么不同，但只要你走进这家商铺，你就会发现向后还有一条通道，沿着通道进去，你自然会惊叹：这里真的别有洞天——拉让宁巴静立于此。原来，商铺的大门就是出入拉让宁巴的大门。

八廓南街的繁华喧闹就被这个既是商铺又是通道的房间隔绝了，让拉让宁巴这座三层的古大院内显得格外幽静。如同所有的藏式院落，一个公用的水龙头静静地立在院中。大红的立柱和楼层间彩色的围栏色彩鲜艳明亮，根本看不出这座建筑已经有了上千年的历史。只是，一旦走进房间，你就能明显地感觉到古宅特有的古老气息。

拉让宁巴是公房，里面租住着 18 户人家。虽然是租住，热爱生活的居民们却家家养花。他们把五颜六色的鲜花和茂盛的绿植摆放在院内各楼层的木质防护栏上，共同把这座古院落装扮成一个立体的花园。由于房屋设计的问题，这里的采光很不好，大院里不少房间白天都需要开灯。站在拉让宁巴二楼，你不仅可以看到八廓南街上按顺时针"流淌"的朝圣者，还能听到沿街的不绝于耳的叫卖声。只是，相较窗外的喧闹，拉让宁巴却一片宁静，从一楼到三楼，这 18 户人家居住的大院干净有条理。

如果你站在屋顶，环顾四周，会发现远处的布达拉宫给人一种不一样的感觉，那些静默的屋顶和飘动的经幡，以及大昭寺的背影，都是如此地让人觉得亲近。拉让宁巴靠近八廓南街的二楼，是八廓社区居委会的临时办公地。

年过 30 岁的尼玛在拉让宁巴租住了很多年。他是一位黝黑壮实的小伙子，对人真诚、颇有主见，他就出生在拉让宁巴。1990 年，尼玛去国内其他地区读书，那个时候大院还没有自来水。虽然有一口井，但因为水位降低，根本打不出水。居住在这里居民只得到别的院子里去提水，很不方便。没过几年，这里通了自来水，街道也变得更加漂亮了。虽然在这里租住的人家，人多都是临时在这里租房过渡，而且平时各过各的，但无论是哪家出了事，大家都会伸出援手。远亲不如近邻，很多搬离大院的邻居们还依然保持着联系。正是这人与人之间的脉脉温情，让拉萨一年四季都洋溢着温暖的气息。

● 桑珠颇章，一卷史书的诉说 ●

桑珠颇章，一座坐落在八廓南街吉堆巷口的大院，表面上看，它和八廓街的其他古建筑没有什么差别：白色的外墙，木质镶嵌的窗子，一楼是当街商店，商品种类繁多，人来人往；楼上的茶馆，常常坐满了悠闲地喝着酥油茶、聊着生活琐事的市民们。市井的烟火气扑面而至，让人倍感亲切，很容易就让人不再记起这座老房子曾经的辉煌。

时光往前推400年，那一年是1642年，蒙古和硕特部首领固始汗率领部队进攻西藏，获得胜利，建立了蒙古和硕特部汗王统治的政权，史称甘丹颇章政权，这个政权在西藏统治长达约80年之久。桑珠颇章就是专门为固始汗建造的豪宅。1653年，清朝顺治皇帝册封固始汗。1654年，固始汗在拉萨哲蚌寺病逝。固始汗去世后，和硕特部失去了强有力的领导，在西藏的统治逐渐遭到对手的削弱。他的豪宅桑珠颇章也被七世达赖喇嘛的父亲索朗达吉占有。雍正皇帝于1729年在北京接见索朗达吉，并封他为公爵。在这之后没多长时间，索朗达吉就拥有了西藏山南的大片土地，而桑珠颇章也归在了他的名下。

翻阅桑珠颇章的历史，你会发现，它就像一卷厚厚的史书，丰富多彩、引人入胜。岁月变迁中的那些远去的事即使已经定格在时光的深处，后人细读之时，依然觉得那些闪烁着光芒的历史，牵着人心跌宕升腾。

如今，经过整修的桑珠颇章面目一新，散发出新旧交融的特别魅力。这座拥有300多年历史的古建大院，直到今天依然完整保存着主楼房屋的整体风貌，房屋的布局也依然保持着原来的样子。桑珠颇章的总建筑面积大约为3279平方米，可谓"廊腰缦回，檐牙高啄"。无论是大院的整体格局，还是一道走廊，都设计得恰如其分。整个院落看上去大气优雅，具有典型的大家风范。四楼的"日喀则相聚茶馆"，因被桑珠颇章赋予的与众不同的气质而闻名于世。这间拥有20多年历史的茶馆，柱子上古老的吉祥图案到现在依然看得很清楚，而斑驳的墙面铭刻着岁月的沧桑。

琼达奶奶就住在桑珠颇章附近，她经常在八廓街转经。当琼达奶奶转经累了，就到这里歇一歇，晒一晒太阳，听一听家常。老人慈祥的脸上盈满了温暖的阳光，那一刻，老人布满皱纹的脸庞上，绽放出柔和而慈祥的光芒，时光就在这笑容中被定格了。

如今，格外引人注目的是桑珠颇章前石碑上刻的"全国重点文物保护单位"的字样。这座古老的藏式院落很少打开大门，在褪尽繁华之后，它独拥一院宁静，矗立在八廓街边上，静静地看着或热闹或宁静的日日月月，守着

八廓古城的繁华与古朴，端详着拉萨的日新月异。

走出桑珠颇章，八廓街熙熙攘攘的人群再次迎面而来。就像轻轻合上了古老的史书，桑珠颇章继续延续着它的生命，在未来的岁月中，这里一定将继续演绎着更多的悲欢离合，抒写着新的历史篇章。

●门孜康，一颗雪域上的明珠●

在拉萨的古城中心，有一家医院特别引人注目，它就是西藏自治区藏医院。这所医院的成长，浓缩了整个藏医药事业的历史。这所医院的前身是拉萨市藏医院，而市藏医院的前身是旧西藏的门孜康。在藏语中，"门"指的是"医药"，"孜"指的是"历算"，"门孜康"的藏语意思就是"医学历算院"。门孜康是藏医医疗机构名，属于西藏地方政府的一个机构。一直以来，西藏地区都十分重视医学教育，五世达赖喇嘛阿旺罗桑嘉措时期就兴办了药王山医学利众寺。1916年，十三世达赖喇嘛土登嘉措时期，钦绕诺布创立"门孜康"，并担任该院院长，医学教育再度兴盛。

山南恰萨拉康寺附近，钦绕诺布就出生在那里。他天资聪慧，又勤奋努力，是当时最有名的名医之一，十三世达赖喇嘛非常重用他，聘请他为私人医生。门孜康的学员都是从各地的寺庙选拔而来的，最多的时候人数有150多人。钦绕诺布在门孜康建立了一套较为严格的教学制度，学习内容除了医学必修，还包括佛学、语言学等。其中，医学本科主要是学习经典著作《四部医典》，以及人体的脏腑解剖和藏草药知识等医学知识。

门孜康培养了一大批藏医接班人，截至1959年，先后从门孜康毕业的藏医有370多人。这些毕业生后来都成了藏医学的骨干，直到今天仍然在西藏医学事业上发挥着重要作用。1959年，门孜康与原来的药王山医学利众寺合并，成立拉萨藏医院，也就是现在的西藏自治区藏医院。随之成立的还有住院部以及设备先进的藏药厂等。它们不仅在国内很有名，在国际上也享有盛誉，每年到此求医购药的人连绵不绝。

门孜康还有一项重要的任务，就是编制藏历历书。这项工作很重要，对于西藏地区的农耕活动，例如适时播种、收割等都具有指导作用，因此深受农牧民的喜欢。作为中华民族传统医学的重要组成部分，藏医药距今已经有3800多年的历史了。不过，在旧时代，藏医药所服务的对象只有上层统治阶级，广大民众很难享受到藏医药的医疗服务。

西藏和平解放后，尤其是民主改革后，社会主义新西藏的藏医药事业的发展得到了中央的高度重视，如今西藏自治区藏医院已经成为西藏唯一的"三甲医院"。这家民族医院是集医疗、教育、科研、预防保健、制剂生产、文化传播为一体的"三级甲等"医院，是国家中医药管理局评估验收中西医结合和民族医医院建设项目。如今，西藏公立藏医院已经发展到30家，西藏所有县80%的乡镇卫生院和20%的村卫生室都能够提供藏医医疗服务，藏族同胞们能够就近享受良好的医疗服务，深受大家的欢迎。

随着时代的日益发展，藏医藏药这块祖国医药学中的瑰宝，一定会更加异彩夺目。

● 玛吉阿米的凄美爱情传说 ●

"在那东方高高的山尖，
每当升起那明月皎颜。
玛吉阿米醉人的笑脸，
会冉冉浮现在我心田。"

几百年前的一个星夜，在八廓街东南角的一处小酒馆里，仓央嘉措抬头，便见一位亭亭而立的少女，一个如月亮一般的少女。顷刻之间，星光绚烂也抵不过她的容颜。那一刻，仓央嘉措心神摇曳，随即写下："在那东方高高的山尖，每当升起那月亮皎颜。玛吉阿米醉人的笑脸，会冉冉浮现在我心田。"人们咏唱至今，那些喜爱西藏文学的人更是认为这首诗是诗词界的经典之一。一个全新的文学词汇"玛吉阿米"，就这样被仓央嘉措创作了出来。藏语中，"玛吉"的意思是圣洁、无瑕、纯真，"阿米"原来的意思是母亲，而母亲是藏文化中最圣洁美好的象征。因此"玛吉阿米"，在藏语中的全意为"圣洁的母亲、纯洁的少女"，也可以引申为美丽而难以实现的梦想。

虽只一面之缘，却由此倾心一世。为了再睹芳容，仓央嘉措多次到小酒馆等待，甚至为此思念成疾。思念之余，他又谱写情诗一首，送给玛吉阿米："曾虑多情损梵行，入山又恐别倾城。世间安得双全法，不负如来不负卿。"自古凡事多两难全，仓央嘉措同样不能免俗。天公并不作美，仓央嘉措并没有等到玛吉阿米，他的痴情没有得到任何回应。直到仓央嘉措去世，玛吉阿米都没有再出现在他的世界。

初见之后，即是永别。仓央嘉措的美好梦想只能呈现在诗句中，哪怕在几百年后读到那些诗句，依然能够体会到那意蕴的浓烈，让人难以释怀。相传仓央嘉措幽会的地方、当年的小酒馆如今还在，名字就叫"玛吉阿米"，在八廓街以白色为主基调的建筑中，这栋黄颜色的小楼显得很是惹眼。这里已经成为来八廓街的必游之地，慕名而来的游客络绎不绝。世间最美的情郎和月亮一样的姑娘，他们初遇之时该是怎样一番景象？"玛吉阿米"留给我们的遐想，实在太多了。

这个动人的故事吸引了很多人，其中就有泽郎王清先生，为此他创办了"玛吉阿米"品牌。泽郎王清先生在安多藏区出生，但祖籍是康巴藏区。1997年，他从家乡来到圣地拉萨，只为寻找他的创业梦想。在古老的八廓街东南角，泽郎王清一眼就看中了一座有几百年历史的黄房子。这个普通的二层建筑背后动人的故事，深深地感动了他。于是，泽郎王清决定在这里创办"玛吉阿米"餐厅。他亲自设计了店里的所有装饰，让这个店古朴温馨，充满藏族文化的氛围。

"玛吉阿米"拉萨店考虑到客源的多元性，不仅仅融入了现代的经营理念，还在藏餐的基础上增加了饮食结构的多元化，最终成为一家既有藏族特色又不乏多元饮食特色的餐厅。八廓街独特的地理位置，玛吉阿米本身浓郁的文化特色，和别具一格的餐饮模式很快就吸引了世界各地的游客。一批又一批国内外游客来了，又走了，"玛吉阿米"这个名字也随着他们游走各方。玛吉阿米餐厅有两层，第二层常常会有藏族歌手在那里驻唱，室内装修古朴温馨，带着浓郁的藏族风情。

每天的用餐高峰期，这里都是高朋满座，有时候还需要排队。每个来拉萨的游客，好像都会来这里体验一番，这样玛吉阿米就成了远近驰名的餐厅，在店里店外拍照留念的游客数不胜数。玛吉阿米餐厅的茶几上有很多留言本，世界各地游客都会在那上面写下自己的心情感受,以至于留言本一度常常供不应求。还有一些人将留言写在餐巾纸上,然后夹到留言本中。也许是因为游客们的留言实在太精彩了,玛吉阿米餐厅将部分留言整理出版,在店里就能买到。

凡是去过玛吉阿米餐厅的人,都会生出共同的感触:"这里就像家。"在这里,你能够真正找到"宾至如归"的感觉。说它像家,是因为它除了拥有暖色调布局形成的温馨氛围,还拥有一个非常自由而舒展的空间。在这里,你可以尽情享用各种美味佳肴;也可以一边喝着巴西产的现煮黑咖啡,一边俯瞰八廓街转经的芸芸众生;还可以一边欣赏《天唱》《英格玛》等西藏古老音乐,一边听着西方名曲,浏览各种外文版的书籍。

在拉萨的艳阳下,明黄色的小楼显得明艳而耀眼。如果你坐在二楼临窗的座位,那你除了能看到八廓街上川流不息的转经人,还能将两旁的商店尽收眼底。二楼的正厅里,威仪轩昂的强巴佛像高高悬挂;南侧墙上,挂着的是雪域风景图片,岁月的痕迹留在了在陈旧的照片上;北侧的墙上,装饰的则是油画、古铜艺术饰品以及唐卡;东侧是精工雕成的吧台,随处可见的都是西藏贵族文化的雍容华贵。室内的牦牛毛地毯、圣水铜罐、土陶花瓶与咖啡杯、餐桌上羊毛毪毪织成的餐垫等,这一切交织在一起,组成为一幅古朴

与时尚并存的优美画卷，神秘感油然而生。

　　来自世界各地、不同肤色的人们，悠闲地坐在小凳上，陶醉在浓郁的藏域风情里，双眼氤氲着闲适。经常有陌生的男女在这里偶遇，那些互不相识，甚至不同国度的男女在这里一见钟情，留下一段段佳话。每年都有很多夫妻、情侣，来玛吉阿米重访，纪念他们的相知相遇。

　　同样被这座地标式建筑吸引的，还有世界各地的摄影爱好者。背着相机前来取景的人，在此拍摄婚纱照的，拍情侣写真的，络绎不绝。八廓街头那些身着藏族传统服饰的当地居民，总是带着满眼的好奇驻足观望，街道嘈杂声中充斥着各种语言。这为繁杂又诗意盎然的玛吉阿米，平添了现代的温情和烟火气。

　　"玛吉阿米"是仓央嘉措的美丽遗梦，初见的那一刻就成为永恒。那一刻定格在仓央嘉措的心里，也流淌在了他所写的那些诗句中。世间多少遗憾不得不错过，世间又有多少意难平终将逝去？留存于世的，也只有那绵延的情意了。站在玛吉阿米楼前，透过玻璃窗凝望，你或许有那么一瞬能够感知到仓央嘉措的心境，想起自己美丽的梦。

第二章
穿行圣路，瞻仰圣殿

"去拉萨而没有到大昭寺就等于没去过拉萨。"大昭寺的建成就意味着整个藏传佛教中心的确立，而有着1300多年历史的八廓街就因大昭寺而成。来自四面八方的朝拜者纷纷聚集在大昭寺的周围，因大昭寺而繁荣的八廓街，是一条众多朝圣者用脚步和身体踏成的千年转经路。

● 去八廓街转转经 ●

大昭寺的周围聚集着来自四面八方的朝拜者，因为大昭寺而繁荣的八廓街，就成了众多朝圣者的一条必经之路。那些朝圣的人们用脚步和身体丈量着这条1000多米长的道路，虔诚而真诚。朝圣者们磕着长头，历经艰辛来到大昭寺之后，便开始了围绕着大昭寺的新仪式——转经。

八廓街上那些转经的人们，累了就坐一会儿，休息好了再慢慢走完这条人生的希望之路。人们去西藏无外乎是去体验高原的异常氛围，去了解藏族同胞的文化风俗，虽然高原反应会让你缺氧、头疼，或者你根本不习惯西藏地区的环境，但这些都不会阻拦你身上无处不在的亢奋和好奇。一次之后，你还可能会上瘾，并就此沉迷下去。这条转经路上，有来自全国各地的很多藏漂，他们喜欢静静地看虔诚的信徒磕长头，静静地听着他们的祈祷。无形中会有一种力量从心中升腾而起，震撼内心，这或许就是宗教和信仰的力量。

转经，藏传佛教最独特的宗教仪式，或手持经筒步行，或匍匐磕长头，顺着顺时针方向，围绕着一个圣物绕圈前进，用身体画出一个个圆满的圈，来表达对神佛的虔诚和来世的祈愿。因为转经，朝圣者们在拉萨城里踏出了三条圣路：一条为"囊廓"，围绕大昭寺内转经道一圈；一条为"帕廓"，

绕大昭寺的外墙一圈；一条为"林廓"，绕大昭寺、药王山、布达拉宫、小昭寺一圈。

三条圣路，一圈套一圈，其中位于中圈的"帕廓"就是今天我们看到的八廓街。在藏族人心中，八廓街转经道是最重要的一条转经道。每天，约定俗成的转经时间一到，像是突然接到了一项无声的命令，街上的人们就从四面八方聚集而来，开始井然有序地按顺时针方向沿着这条环形路走下去。他们顺时针手摇转经筒，嘴里喃喃地念着六字真言"唵嘛呢叭咪吽"，全神贯注，仿佛无论发生什么事情都不会打扰到他们。转经已经成为这里一种独特的生活方式，始终一成不变，夜以继日，周而复始。这里的人们一生就在这转经的日子中度过，神圣温暖的转经行列，没有喧嚣和纷争，没有急躁和愤怒，只有低声呢喃的六字真言和那些或疾或缓的脚步声。转经道的尽头是仪式的结束，也是另一种开始。

很多人把八廓街比喻成时钟，非常形象，以大昭寺为轴，转经人则构成了时针。走进八廓街，就好像走进了一个圆形的时钟。八廓街的时间是循环的，转经的人们每天沿着八廓街顺时针方向转经，一圈又一圈，让八廓街的时间变得很慢。犹如一个旋转着的大磨盘，八廓街带着每一个进入这个"场"的人，按顺时针方向慢慢行走。

当清晨第一缕阳光在布达拉宫金色屋顶上闪烁时,无论是置身于转经路上,还是加入转经队伍中,你都会激动不已。大昭寺里磕头,八廓街上转经,是拉萨古城的一道别致而独特的风景。每一天,八廓街都会沉浸在永无止境的转经脚步声中,围绕在朗朗的诵经声中。来这里的人们,无不会被浮华世界里最缺失的那份感动触及。

● 大昭寺的千年荣光 ●

"去拉萨而没有到大昭寺就等于没去过拉萨。"大昭寺著名喇嘛尼玛次

仁曾这样说过，而这也得到了每一个旅行者的认同。大昭寺前终日香火缭绕，朝拜者们在门前虔诚地叩拜，青石地板上留下的满是岁月和朝圣者留下的痕迹。作为藏式宗教建筑的典范，千年古刹大昭寺，在藏传佛教中拥有至高无上的地位。

相传修建大昭寺之时，由白山羊驮土填卧塘湖。山羊在藏语中为"惹"，土为"萨"，所以"惹萨"为"山羊背土"之意，故大昭寺又称"惹萨"。大昭寺是拉萨最早的建筑之一，所以人们便以"惹萨"为以大昭寺为中心的这一城市命名。随着佛教兴起，人们将这里视为圣地，"拉萨"之名随之而起，并取代了原有的名称。所以，今天我们都称之为"拉萨"。

据说，大昭寺前唯一的大树是松赞干布时期种下的，大树前有一堵墙，

叫燃灯墙，成千上万盏酥油灯在那里夜以继日地燃着。每个转经筒里都有一张用藏文密密写满经文的纸，那是因为奴隶制时期的藏族人民大多不识字，把经文装在转经筒里，每转一圈，就是念经一遍。转经筒每转动到一定圈数时，就要更新，以前的藏族人民依靠这个来记录自己念诵经文的遍数。如今，大多数藏族人民依然把对未来的祈盼寄托在转动着的经筒中。转经轮一圈圈转动着，六字真言喃喃吐出，承载的是佛祖与信徒间的沟通。

大昭寺建成之后，四面八方的信徒们纷纷前来朝拜，逐渐把这一代变成了传播佛教的中心。大昭寺是西藏现存吐蕃时期的建筑，也是西藏最早的土木结构建筑，并且开启了藏式平川式的寺庙布局规划。

从大昭寺的金顶可以看到大昭寺广场，右边远处就是著名的布达拉宫。主殿高四层，两侧列有配殿，布局和结构都是曼陀罗（坛城）的理想模式。

大昭寺内的佛殿主要有释迦牟尼殿、宗喀巴大师殿、松赞干布殿、班旦拉姆殿、神羊热姆杰姆殿、藏王殿，等等。大昭寺最早的建筑是从正门开始的，外院是后来修建、扩充的，主殿已经历经了1400多年的风雨。由于多年信徒的摩擦，门口的石头地板光亮如镜。绕大殿一周共有380个转经筒，一个紧挨一个。边走边推动转经筒是很多虔诚的信徒必做的功课。

在西墙与北墙拐角之处矗立了一座白塔，据说这座白塔是在修建大昭寺之前，从卧塘湖中所显现出来的。

大昭寺拥有各种木雕和壁画。大昭寺在2000年被列为世界文化遗产，其中最关键的就是这些木雕，因为在西藏其他寺院是看不到的。这些木雕经历了千年，已经像铁一样坚硬了。

大昭寺在历史上曾遭受两次灾难，一次是公元7世纪后期，由信奉原始宗教本教的贵族大臣发起的第一次禁佛运动；一次是朗达玛发起的第二次禁佛运动。这两次禁佛运动中，大昭寺或沦为屠宰场，或遭到封闭。释迦牟尼像两次被埋在地下。

1961年，大昭寺被国务院公布为第一批全国重点文物保护单位，2000年11月，联合国教科文组织将大昭寺作为布达拉宫的扩展项目列入《世界遗产名录》，成为世界文化遗产。

2009年8月，大昭寺文物保护维修工程开工，工程资金1817万元，2010年保护维修通过初步验收。2012年中国文化遗产研究院的专家开始对

大昭寺壁画进行修复，保护这一珍贵的遗产。经过多次整修、扩建，如今的大昭寺占地25100平方米。

这里的宫厦套着石屋，古寺笼罩着阁楼，一扇寺门，将人声鼎沸的闹市与庄严肃穆的大昭寺相隔。广大信徒从内心深处坚信，只要坚持转经就能够积累功德，消除业障。转经者们右手转动转经筒，左手持念珠，口中低诵着六字真言，沿着顺时针方向，在各转经道上开始绕行。他们中的大部分都会在肩膀上挂着像褡裢一样的小白布口袋，里面装着供奉给神佛的青稞、糌粑、香草等。

从青海来的康巴阿佳，每天都会在大昭寺原地磕2000多个头。拉萨的冬天，夜晚总是来得很早。晚上10点，八廓街上的所有商店、摊点都已经进入沉睡，虔诚的阿佳仍在那里。她那张被寒风刮伤的脸庞，此刻显得更加通红，她那双无数次摩擦大地的手布满茧子。她虽然身子消瘦，却有一股难以想象的能量。站立在大昭寺明灭的灯光里，阿佳就像一座日夜坚守在海上的灯塔。对她来说，时间已经变得无关紧要，她在用一辈子做赌注，只为一个谁也不知道的来世。

大昭寺的灯火，是这个城市最早燃起的，也是最晚熄灭的。灯火的燃起和熄灭，寓意的是人生的两大哲学命题——生与死。在这里，婴儿出生后过一段时间，就需要"头次出门"，即被家长抱到大昭寺拜佛。在这里，人死后家人会到大昭寺的释迦牟尼佛像前，敬献死者的姓名、供灯、哈达和回向礼，祈求佛祖为死者超度亡魂。遗体会由专人背到大昭寺门前，进行最后一次祈祷，并在大昭寺门廊下留下一条哈达和供灯，然后再围绕着八廓街转一圈。最后，某一天的凌晨，在引香队伍的引导下，遗体会被送往天葬台。对于藏族而言，他们的生与死，都与大昭寺有着不可分割的关系。而八廓街，穿透着他们的一生，这里既是生命的起点，也是生命的终点。

● 难觅汉唐风格的小昭寺 ●

公元641年，唐朝的文成公主与松赞干布联姻，在公主离开长安准备进藏时，向唐太宗"请以释迦像与宝仓库为奁嫁"。唐太宗欣然许之，"造舆置觉阿释迦像于其上，使力士甲拉伽于鲁伽二人挽之"。相传，文成公主入藏时带着的释迦牟尼像是释迦牟尼12岁时的等身像。当文成公主的车辇行至现在小昭寺的位置时，木车突然陷入沙地中，无法继续前行。通过历算，文成公主决定把释迦牟尼佛像安放在这里供奉，并决定在这个位置上修建小昭寺。文成公主主持修建了小昭寺，小昭寺与大昭寺同时开工，同时告竣，同时开光。小昭寺的大门朝东，是为寄托文成公主对家乡父母的思念之情。

为了修建小昭寺，文成公主从中原召来了很多精巧工匠。小昭寺的构造以中原庙宇为模式，结合藏式建筑的特点，最终建成非常壮观的重楼叠阁。大昭寺和小昭寺建成后，大昭寺供奉的是尺尊公主带入吐蕃的释迦牟尼8岁等身像，小昭寺供奉的是文成公主带入吐蕃的释迦牟尼12岁等身像。后来，两尊佛像对换供奉，这中间还有一段历史故事呢。传说，唐朝要派兵入吐蕃抢走释迦牟尼12岁等身像，为了佛像安全，公元652年，刚继位二年的松赞干布之孙芒松芒赞忙命令将小昭寺的释迦牟尼像移至大昭寺，藏在明鉴门内，还堵上门，门上画上妙音佛作为伪装。

直到公元712年，金城公主联姻吐蕃时才把这尊佛像迎出，供奉在大昭寺觉康，并将原来供于大昭寺的释迦牟尼8岁等身像移送到小昭寺供奉。元、明、清三代，中央政府大力扶持佛教，小昭寺又重新兴盛起来，还进行了大规模的维修扩建。

松赞干布去世后，盛极一时的小昭寺一度遭遇冷落。朗达玛即位后，对佛教采取了摧残的态度，他强迫出家人改装还俗，不愿还俗的人大多遭到残杀，佛教经典或者被埋掉，或者被烧毁，或者被投入河中。他还毁掉了大昭寺、小昭寺的释迦牟尼像，封桑耶寺，毁掉了很多寺庙。在这之后没多久，吐蕃各地就爆发了奴隶起义。起义蔓延到吐蕃政权统治下的大部分地区，一直持续了九年，吐蕃政权也因此崩溃。西藏分裂为许多小部落，它们各霸一方，各自为政，互相之间征战不断，佛教也就此衰败，只有少数僧侣还在家中秘密传习佛法。当时的情形十分严峻，小昭寺也遭到了一定程度的破坏。这种混乱的局面一直延续到11世纪40年代，持续了差不多两个多世纪。佛教开始复兴，源于印度僧人阿底峡来藏讲经说法，翻译佛经，而小昭寺也得到了相应的维修。

小昭寺在20世纪的十年浩劫时期再一次遭到了毁灭性的破坏。一些建筑被拆除，塑像和文物等也遭到了毁坏，僧众们不得不离寺而去。小昭寺变成了一处仓库，昔日辉煌壮观的景象荡然无存。1986年，小昭寺开始进行大规模维修，旧貌换新颜，重放异彩。几经火焚，现存的小昭寺大多是后来重修的，只有底层神殿还是早期的建筑，殿内的10根柱子依稀可见吐蕃风貌，上面镂刻有莲花，雕有花草、卷云、珠宝以及六字真言等。

小昭寺主楼有二层，底层分为门庭、经堂和佛殿三部分，周围是转经廊道，廊壁上遍绘无量寿佛像。顶层的汉式金瓦，金光闪闪，在拉萨的各个方位都能看到，甚是壮观。小昭寺的建筑风格融合了汉藏两方面的建筑特点，建成之初也是汉僧在管理寺庙。小昭寺不仅是西藏最早的寺庙之一，也是汉藏两个民族团结友谊的象征，在汉藏民族关系史上具有极为重要的作用。

走过酥油灯明灭的门庭，进入经堂，你会发现经堂空间很高敞，高高的柱子耸立，直达二层之上。中间放置着两三排暗红色的坐榻，上面搁着红色的僧衣，游览的人可以围着经堂转圈参观，而僧人们则会在这里摊开面前的佛经整齐高声地诵读。这一切都让人不禁想起那首流传很广的诗："那一天，我闭目在经殿的香雾中,蓦然听见你诵经中的真言"。香烟缭绕中,经声悠悠,尘世似乎在这里静止,彼岸似乎就在眼前。

● 无处不在的寺庙 ●

除了大昭寺和小昭寺,松赞干布时期还陆续修建了一系列寺庙,有"镇边寺""四再镇寺""四镇肢寺"和"九对治寺"等数十座寺庙,用来镇压岩魔女的身体、四肢和方位神。如今这些寺庙中,只有位于山南的昌珠寺和噶曲寺保存了下来。同时,拉萨还修建了西藏历史上第一座石窟寺庙"扎拉路普"石窟寺。公元8世纪中叶,在同本教文化长期不断的斗争中,佛教终于在赤松德赞赞普时期逐步取得了稳固的地位,其标志就是公元763年桑耶寺的建立。桑耶寺是西藏历史上第一座供剃度僧人出家、学习和修行的寺院,标志着西藏的佛寺建筑艺术由寺庙建筑走向了寺院建筑。

八廓街的大小寺庙一共有27座,小寺庙尤其多。即使是在街上闲逛,也常常会遇见藏族风格的寺庙。木如宁寺,藏人称其为"木如宁巴",就是这样的一座小庙。木如宁寺坐落在八廓东街向西的一个小巷尽头,在迷宫般的街区与小巷中,它就像一位得道的隐者,尽管没有大昭寺有名,却拥有比大昭寺更久远的历史。木如宁寺与大名鼎鼎的大昭寺只有一墙之隔,如果追溯它的历史,西藏人民有那么一句老话:先有木如寺后有大昭寺。

木如宁寺很热闹,修建的目的是解决来大昭寺事佛的哲蚌寺喇嘛的住宿问题。每年各大寺的喇嘛都会来参加大昭寺的传昭大法会,哲蚌寺的喇嘛连人带马都住在这儿。如今,木如宁寺成了一座各类人等混居的大杂院。只有大殿的跪鹿与金法轮与大昭寺如出一辙,依稀显示出这座小庙曾经的珍贵。整个寺院的核心是寺内主供佛殿内供奉的金刚佛,这座金刚佛是五世达赖喇嘛主持雕塑的。十三世达赖喇嘛时期,木如寺进行了大规模的修葺,同时,小昭寺的东南方也新建了一座新的木如寺。

在大昭寺东南方向,一个隐秘的小巷子里,"藏"着拉萨老城区中唯一的一座尼姑寺:仓姑寺。

仓姑寺面积不大,甚至显得有些局促,上面是经堂,下面是日常用地。

殿门口有漂亮的石阶,一切都显得那样干净整洁。

仓姑寺有着与众不同的传统和风格,这里是女性佛者的乐园。在这里,社会中的女性们可以学习佛法,可以学习相关文化和知识。这里的尼姑们每天 8 点准时起床在经堂诵经,过程大概持续到下午。每个月这里还有几次规模比较大的集体诵经法事。在这里,烦躁的心会很快静下来;在这里,你也能感受到内心的从容与喜悦。

敏珠林玛尼拉康,位于八廓街转经道旁,是宁玛派著名寺院敏珠林寺的属寺。这是一个热闹的地方,到八廓街转经的人人多会漫步到堂内转动经筒,尽管它总被浓浓的轻烟所笼罩,让人不容易发现它。

走到敏珠林玛尼拉康的后面,你就能看见强巴拉康的大门。从玛尼拉康出来右转,转经的人们随着人流会不自觉地走到这里。这里是诸多信徒朝拜的圣地,因为大家都要到二楼去接受活佛的加持赐福。拥挤的时候,楼道上就会排着蜿蜒的长队,等待着佛活摸顶和用圣水洗眼、脸等。

除了这些,你在八廓街上还能发现很多知名不知名的寺庙,街道拐角处、小巷深处、大院里面……不经意的走访,总能带来惊喜。

商铺林立,游客芸芸,就算具有浓郁的商业气息,八廓街也在众多寺庙的衬托之下，平添了许多香火气。人来人往中，估计很少有人会留意，那些市井之中的房屋，缭绕着平凡烟火气的地方，曾经也是香火鼎盛的寺庙。八廓街上无处不在的寺庙，能让你在这条街上感受到微妙的不同。

● 八廓梵音不止 ●

在八廓街，阳光和福祉一样无微不至，虔诚与梵音一同无处不在。梵音微妙，令人乐闻。踏上西藏的土地，你随时随处都能看到那些手拿各种颜色转经筒的信徒，他们一般都会身着五颜六色的藏袍，右手拿着转经筒，让它轻轻地顺时针转动。尤其是在盛大的宗教节日，百姓们会从四面八方聚集在一起，不停地转动手中的转经筒。在阳光的照耀下，转经筒会发出耀眼的光芒，场面十分壮观！

转经筒，又称"玛尼"经筒、转经桶等，象征着"轮回"，是藏传佛教地区的圣物。大的转经筒排列在寺院任人推转诵经，小的转经筒则跟随个人左右，终生不离不弃。信徒相信转经相当于念经，是消灾避难、忏悔往事、

修积功德的最好方式，不过转经的寓意根据不同的圈数、不同的人去转而大不相同。

转动一周，相当于念诵《大藏经》一遍；转动二周，相当于念诵所有佛经一遍；转动三周，可以消除身、口、意罪障等；转动十周，可以消除类似须弥山王一样的罪障；转动一百周，功德和阎罗相等；转动一千周，自他都能证得法身；转动一万周，可以让自他的一切众生解脱；转动十万周，最远处可以到观音菩萨海会圣众处；转动百万周，可以让六道轮回中的一切众生都得到安乐；转动千万周，可以让六道轮回中的众生都能脱离苦海；转动亿万周，功德就相当于观音菩萨。

如果在山顶转动经轮，所居方圆一带都能够得到吉祥圆满；如果是瑜伽士转动经轮，自、他二利事业可以任运成就；如果是持戒清净的修道者转动经轮，可以清净破誓言的罪业；如果是咒师转动经轮，能消除业障面见本尊；如果是医生转动经轮，他居住的地方瘟疫会消除并皆得成佛；如果是国王转动经轮，他的臣民眷属都能消除业障；如果是王妃转动经轮，可获得圆满资粮，国政兴盛；如果是军官转动经轮，他的队伍及眷属都可以消除业障；如果是士兵转动经轮，能保护其生命并消除业障；如果是商人转动经轮，则能够生意兴隆，心想事成；如果是普通男人转动经轮，可获得人天果报；如果是贫女转动经轮，来世能获得殊胜清净男身；如果是穷人转动经轮，能够消除业障，转贫为富。

一花一世界，一佛一如来。多少年来，就在这转经筒的生死轮回中，在六字真言中，一圈圈地转动着转经筒，发出人间永不停歇的最美梵音，转经筒承载的是佛祖与信徒之间沟通桥梁的任务。

对于生在雪域长在高原人们来说，在他们的祖辈记忆中，父辈生活中，最神圣的莫过于每天的佛事。礼佛、转经已经成为不可缺少的一部分。

60岁的阿妈央宗，每天天不亮就起床，梳洗完毕后做的第一件事，就是给供有佛祖释迦牟尼和宗喀巴塑像的佛龛前的圣水银杯里，换上当天的净水，点上酥油灯，双手合十，默默祈祷；然后，打上一壶酥油茶，备一些糌粑、奶酪等食物，与家人共进早餐。这样的习惯，几十年如一日，从未改变过。上午，当孩子们出门上班之后，央宗会挎上包，右手转着转经筒、左手捻着佛珠，口中不停念诵六字真言，围绕大昭寺的八廓街转经三圈。

雪域西藏，一个信仰藏传佛教的地区，这里有很多和央宗一样上了岁数的阿爸阿妈。他们不管刮风下雨还是数九寒天，最愿意做的事情就是每天早晚不停地围绕寺院转经、磕头。不管身在何处，那些虔诚的信徒们都在以今世的修行与善事，祈祷来世的幸福与安康。

第三章
古老节日，亘古不变

由于佛教对藏族地区的深远影响，藏族节日文化具有浓厚的宗教色彩。在八廓街，每一藏族节日都极具仪式感，让人惊叹，置身其中仿佛进入了一个奇幻的异想世界。

● 藏历新年，藏文化的集中体现 ●

2018年藏历新年，刚过正月初五，八廓街上的商户们纷纷开业。以前，有藏历正月十五之前商户不开张的传统，这些年，开始改变了。越来越多的商户选择在藏历新年过年期间正常营业，让原本冷清的新春市场变得红红火火。

1986年就来到了拉萨的王先生，刚开始是在工地上做木工。2001年考

虑到健康问题，他辞掉木工工作，经营了一家皮鞋专卖店。

王先生的鞋店在八廓街的巷子深处，刚开始生意并不好，但"好鞋不怕巷子深"，这些年买鞋的人越来越多。尤其是藏历新年之前，前来买鞋的人络绎不绝。

王先生说："老百姓的日子好了，更舍得花钱。藏历新年前来买鞋的人最多，一天能挣三四千；过年期间买鞋的人虽然少一些，但一天挣个八九百是没有问题的。"

来自陕西西安的市海荣在八廓街的地摊上吆喝着自己的杂货。作为一名"移动商人"，市海荣都是哪里生意好去哪里。从2017年第一次在藏历新年来到八廓街卖厨具后，2018年的藏历新年他又来了。

市海荣的顾客有拉萨人，也有专程赶到拉萨的农牧区老百姓。每年的藏历新年，他一天的收入能达到两千多块。

在所有节日当中，最隆重的节日当然是藏历新年了。为了这个节日，很多藏族同胞提前一个月开始准备；为了过一个祥和而丰富的新年，藏族同胞也开启了"买买买"模式。

于是，新年期间的八廓街依然繁忙而熙攘。这两年，很多游客都选择在藏历新年期间去西藏，就是为了感受这一份喜悦。从藏历十二月初，人们便开始为新年忙碌，家家户户培育青稞苗，供奉在佛前双柜上面，来预祝第二年粮食丰收。十二月中旬，各家各户开始炸"卡赛"，其实就是油炸果子，用酥油和面粉制作而成。在正屋佛前摆放各种形式的"卡赛"和水果、干果、酥油、砖茶、盐块等物品，以庆祝节日的到来。家家都要准备一个装满酥油、炒青稞粒、人参果等食物的五谷斗，上插着青稞穗，这个五谷斗叫"竹素琪玛"，是庆祝藏历新年的必备之物。除了这些，还要准备一个彩色酥油塑的"洛果"，就是羊头。这一切都带着喜庆丰收的寓意，预祝来年风调雨顺、人畜两旺。

除夕的前几天，大家就可以不用做其他工作，开始对每间屋子进行彻底的大扫除，特别是厨房，需要清除一年的烟垢。灶房被打扫干净后，会在正中墙上用干面粉撒上"八吉祥徽"。家庭主妇会在二十九那天煮好"观颠"，也就是含有红糖、碎奶渣、糌粑等物品的热青稞酒，好在初一的早上供全家喝。到了二十九日傍晚，每家每户都要做两件事，一件事是不论家庭人多人少，都要做一种叫"帕吐"的面疙瘩。不过，这天做的面疙瘩与平时不一样，

要在面中加上一些象征人们思想行为好坏的面形和疙瘩。这些面形的制作颇为简单，直接用余火将这些面形物轻烧加以固定，然后再与肉丁、萝卜丝、奶渣、人参果、熟豆以及蔬菜等九种食材按顺序搁入大砂锅中一起煮。

另一件事，是用糌粑或面料做一个人体的魔鬼模型，放在砂锅或铁片上。在这个魔鬼模型的周围放一些茶渣、酒糟等废弃的食物和垃圾。然后，全家人双手各握一个水分较多的糌粑，一边从头顶到脚跟沾摸，一边嘴里念道："唉哟！疼疼！唉哟！病病、身上的疼病、心中的苦恼，一年十二个月，三百六十日中的疾恙四百六十类，邪魔八十种等一切灾祸，由你带往外洋彼岸。"念完后，用双手使劲攥住糌粑，印上手印，吐上口沫在上面，然后扔到魔鬼面型的周围，准备驱鬼。

天黑时，全家人按长幼次序就位，中间放置"帕吐"锅，锅台是用麻绳控制的。按以前的习俗，盛"帕吐"的规矩非常严格：需要将家中的母亲或掌勺人的双眼用白布遮盖，她右手掌勺，一个年轻人把碗一个个递到她的左手，由她盛"帕吐"，盛每碗时都要先摇撼三下，然后把碗递给家里其他人。直到全家人都盛上第一碗时，才能解开掌勺人眼睛上的布，一起开始吃"帕吐"。在这个过程中，每个人都从自己碗里捞出具有象征意味的面疙瘩，放在长辈面前的两个碟子中，右边的碟子放象征意义好的面疙瘩，左边的碟子放象征意义坏的面疙瘩。每次只要有人亮出具有象征意义的面疙瘩，全家人就都会沉浸在笑声中，热闹非凡。这顿饭每个人至少吃两碗，最后一碗留少许，拿到驱鬼台上滴上几滴，之后全部倒尽。最后，将象征意义坏的碟子里的东西也全部倒在那里面，而象征意义好的碟子则被拿到屋顶，放在经幡台上。

当天完全黑时，家中两个年轻男人会手里拿着熊熊燃烧的火把，用荆棘或麦草捆成的火把，慢跑经过每一间房屋，一边跑一边喊"出来""魔鬼出来"，让鬼魔不敢躲藏。然后，家里一个年轻妇女会端着鬼型台跑出家门，火把紧紧跟上，家中长者则使劲鼓掌。在这个时候，如果家里比较富裕，还要鸣放土枪助威。驱鬼的那些物品集中扔在十字路口。同时，燃起一堆火，左邻右舍驱鬼的人们聚在一起，围着火堆为战胜鬼魔跳起锅庄舞。需要注意的是，驱鬼的人出家门后不能回头，回家时也不能往扔鬼物的地方回头。这样做的目的是提防鬼跟人回家。当驱鬼人出门时，家里人会在门内摆放一堆荆棘、一木勺糌粑和一瓢水。驱鬼人来到家门口时，向里呼喊开门，这时屋里面人便回应"我们家门有门歌",在外的人就唱起门歌:"开门、开门,上槛为黄色金子;开门、开门,下槛为绿色松石;开门、开门,四盈为紫色玛瑙;开门、开门,门面为红色檀香木。"唱完后,门内的人就点烧荆棘堆,开启大门,外面的年青男女一个接一个地跳过火堆,家里的人从左右两边向他们抛洒糌粑、泼洒水。这个仪式也是为了防止鬼魔跟人回来。

驱鬼仪式结束后,全家人按照次序就席,姑娘们先给之前首先捞到好象征面物的人唱颂歌;接着给捞到坏象征面物的人倒罚酒,并惩罚他们给大家献艺,可以是跳舞、演藏戏、唱歌,等等。如果有谁无法独立承担一个节目,他还可以学鸡叫或驴叫,自然还要罚酒。喜欢玩乐的家庭还会让捞出背上冤孽的人背圆形枕头,在房间来回走动,以供大家玩乐;让捞出刺体面形的人的脸上抹黑烟,做出吵架的动作;让捞出葱子的人端着煨桑烟盒,给全体人献香,等等。不论繁简,每户每家都要搞这个仪式,而且活动会一直持续到半夜,目的是融化家人之间的矛盾,预祝新的岁月里更祥和。

藏历大年初一一早,全家人穿好衣服收拾妥当后,首先要点燃供灯祭祀神灵,然后按辈分排位坐定,共饮新年第一杯酥油茶。后辈会向长辈们敬献"琪玛",敬青稞酒,献上哈达,祝长辈吉祥如意。大家一起喝热青稞酒,吃麦片吐巴和酥油煮的人参果。家里的新年仪式完结后,就开始前往左邻右舍祝贺,各家男女青年拿着"竹素琪玛",提上青稞酒壶,进了邻居的门就高喊:"吉祥如意,幸福圆满,主妇富态,贵体安康,愿来年仍能福绥欢聚。"然后献上"琪玛"和敬青稞酒,主人也要向客人敬茶酒等作为款待。在藏历新年的初一,一般都是家人团聚欢度新年。从初二开始,亲朋好友才相互拜年。无论是农村还是城市,在过节期间有演唱藏戏、跳锅庄和弦子舞等节目,还有角力、投掷、拔河、跑马射箭等一系列娱乐活动,大家通宵达旦尽情歌舞。

藏族节日的形成,可以追溯到远古时期,在长期的劳动与生活中,藏族人民独特的思想和审美造就了自己的节日文化体系。由于佛教的深远影响,藏族的节日文化带着浓厚的宗教色彩。藏族节日的内容丰富多彩,形式多种多样,包括祭祀、农事、纪念、庆贺、社交游乐等诸多项目。

通过藏族节日,藏族同胞以一种潜移默化、寓教于乐的形式,来表达自己对美好生活的追求,传承着千百年来藏族同胞的内驱力,显示着永恒的文化魅力。

●八廓古城的祈愿大法会●

14世纪末期，为了把佛教哲理贯彻到行动中去，严格戒律、严格寺院管理、大力修复寺庙，宗喀巴提出了整顿、改革西藏佛教的主张，并着手重振藏传佛教事业。

宗喀巴的宗教改革得到了帕竹地方政权的支持，也受到了僧侣、百姓的拥护，许多人出家为僧。可是，由于僧人增加太多，需要的财物也与日俱增，加上异教徒的猖狂攻击，宗喀巴一时难以维持局面。为了解决财物紧缺问题，并扩大格鲁派的影响，宗喀巴决定举行一次大型的祈愿法会。

1407年，回到拉萨的宗喀巴与当时的地方统治者帕竹第悉扎巴坚参商议后，决定在1409年举行祈愿大法会，地点就在拉萨的大昭寺。1409年正月初，宗喀巴举行万人祈祷法会，受到僧俗的拥戴。从此以后，每年正月，格鲁派寺院都要举行祈愿法会，并将它演变成一种惯例。

祈愿大法会，又称为"传昭大法会"，藏语称"默朗钦摩"，意为"发愿、祈愿"。它是藏传佛教界重要的宗教活动之一，也是宗喀巴大师倡导的四大佛事之一，是为了纪念释迦牟尼降妖除魔而创设。据说，藏历火龙年，也就是公元前511年的正月初一至十五，佛教祖师释迦牟尼在天竺舍卫一带，与外道师斗法比赛神变，最终取得胜利。

祈愿大法会按照古印度法会的形式，起初只是集中色拉、哲蚌、甘丹三大寺的僧众在大昭寺释迦牟尼塑像前诵经祈愿、讲经辩经以及相法立宗。法会期间，除了政府会给僧众发放布施，各地的信徒也可以到这里来添灯供佛，向众僧人发放布施。后来，祈愿大法会越来越隆重，祈祷的时间也越来越长。到五世达赖喇嘛圆寂祭典时，传昭大法会正式定为从藏历正月初三起，至二十五日迎请弥勒佛后结束。

法会的中心内容是考选藏传佛教的最高学位"拉让巴格西"。作为最高等级的僧侣考试，拉让巴格西学位立宗仪式曾被中断了很久。一直到2005年，这个古时最神圣的宗教考试才重新获得恢复。"格西"，藏语意为"善知识"，类似于现代意义上的博士学位，共分为四个等级，依次为多让巴格西、林斯格西、措让巴格西和拉让巴格西。除了拉让巴格西，各寺院可以自行考评前面三个等级的格西，无须通过拉萨传昭大法会的辩经考试。不过，拉让巴格西才是众多僧侣心中的黄金殿堂。

大批来自世界各地的游客都被祈愿大法会吸引来到拉萨。法会期间，各种各样的花架在八廓街沿街搭建，最高的能达三层楼房高，矮的也有二层左右。上面摆放着用五颜六色的彩色酥油做成的供奉天女、二胜六尼严，也就是六大佛学家龙树、圣天、无著、世亲、陈那、法利与两位戒律释迦光和功德光、八祥徽、六长寿、和气四瑞，以及各种花木鸟兽等。有的雄伟壮丽，有的精巧玲珑，有的凌空而立，有的成屏连片，让人叹为观止。加上千百盏灯光的照耀，整个花灯街流光溢彩，让人目不暇接。这种艺术形象，饱含着藏族同胞对美的追求和热爱。夜幕降临之际，市民们纷纷涌向街头，或观瞻花灯供品，或在花灯供品前围起圆圈，高歌起舞。

● 千万盏酥油灯送平安 ●

灯意味着驱除黑暗，也意味着追求光明、蕴含希望，能给人带来温暖的力量。在所有的灯中，最能给心灵带来震撼的当然是长明灯。在寺庙浑厚的诵经声中，一盏盏酥油灯，通宵达旦地亮着，传达的是信徒无限的虔诚和祈祷，寄托的是活着的人能够与逝者的灵魂沟通。对于那些远道而来的外来者，西藏的寺庙里除了各种造型的佛像和护法神像，最能震撼他们的，就是那一盏盏长明不灭的酥油灯。

对于信徒而言，酥油灯占据着不可忽视的重要位置。在大昭寺广场正门，有一个千佛灯室，每天上午和傍晚，那里都会同时点燃千万盏酥油灯，场面很是壮观！祈愿大法会期间，信众们会手提盛放酥油的水瓶，到寺庙内为供灯添加酥油。

除了寺庙中大家随时都能看到的千盏酥油灯烛光闪烁的壮观场面，在信徒家中，也能看到昼夜不灭的酥油灯。无论是家中举行念经法事，还是为逝者做祭祀活动，都要点上酥油灯，或者几盏或者上百盏。《菩萨藏经》中说："燃点十千灯明，以忏灭众罪业。"信徒们相信，人们生活在三界里，起心动念就是在造业，特别是没有源头的无明，如果没有大智大慧，真不能照破。

点灯供佛，就是要借助佛的智慧明灯，引燃我们内心的心灯，这不仅是必要的，也是必须持续不停的。借着佛的慧灯，照破陷身痴迷的自我，以求得智慧。

酥油灯寄托着人们太多的愿望，因此点燃酥油灯有很多讲究。不仅仅燃灯的酥油、燃点、灯盏都必须干净，点灯人还必须把手洗干净，甚至还需要用毛巾之类的东西把嘴巴捂上，以免玷污了神灵。做好这些后才能一边祈祷，一边点灯，让希望与灯火一同点亮。在漫长的历史长河中，藏族先民使用过各种各样的灯具作为长明灯的器具，如今这些器具都作为古董或艺术品在八廓街出售。由于西藏电业的发展，其中一些油灯开始从生活中消失，但信徒们的虔诚没有消失。

"文化大革命"时期，西藏不允许点酥油灯，一位西藏老人生前经常嘱咐家人，她死后一定要点上一支蜡烛代替酥油灯。老人临死前，家人为她点上蜡烛，老人也就没有了遗憾，在光明中走向了彼界。

酥油灯在藏传佛教信徒心中占据着非常重要的位置，甚至被认为是信徒们的精神之灯。在他们看来，生命的终结，如果没有酥油灯的陪伴，灵魂将只能在黑暗中迷惑，不能找到来生的路。

●萨嘎达瓦，斋戒转经行善月●

藏历四月被称为"萨嘎达瓦"，相传佛祖释迦牟尼于藏历铁猴年"萨嘎达瓦"月七日在蓝毗尼林园降生；木马年"萨嘎达瓦"月十五日在菩提伽耶附近的一棵大菩提树下，面对东方、铺草打坐，傍晚降伏魔，黎明证觉；铁龙年"萨嘎达瓦"月十五日在拘尸那城圆寂。释迦牟尼成佛后，在婆罗奈城的鹿野苑，最后说出"诸行无常，有漏皆苦，诸法无我"的佛语明示。因此，藏族同胞们在习俗上把这个月看成是造化大的月份，广大僧俗大众都选择在这个月进行各种佛事活动。

每年藏历四月，大昭寺、小昭寺、布达拉宫的帕巴拉康等处，都会分别献上千供（一千个灯、一千个净水、一千个花，以及一千个多玛等），对主尊一律涂金，供奉佛灯。由于佛祖释迦牟尼诞辰、成道及圆寂的日子，都是藏历四月十五日，因此每到这天，整座拉萨城都笼罩在缭绕的桑烟中。布达拉宫的黎明，俯首叩拜在宫墙下的成群结队的信众，用他们的虔诚迎请布达拉宫的黎明。天色朦胧，尽管圣城还处于酣睡之中，但空气中已开始逐渐弥漫出祭神祭佛的桑烟味。大昭寺中供奉有释迦牟尼12岁等身像，故拉萨自

然成为圣地。朝霞初露,"林廓"路上人影摇摆不定、川流不息,人们匆匆而来又匆匆而去,相互之间并无寒暄,只留下诵念六字真言的嗡嗡声浪。

转经的人流中,没有一个神色显现出浮躁的人,也没有一个人两手空空。每个人的左手,或者拨弄佛珠,或者摇着经轮,边走边诵念六字真言;右手拎着糌粑口袋,胳肢窝下还挟着香柏枝。佛教经典中说,如果佛家弟子或者其他任何人,能够在这一天做一件善事,或念一遍六字真言,就等于在平常的日子里做三亿件善事,念三亿遍真言。转经队伍中,总能看见三五只绵羊跟随主人转经,不时发出不和谐的铜铃声。它们是放过生的神羊,颈背上系着的一五彩吉祥布条就好像是佛祖赐给的身份证,告诉世人不得伤害它们。

天色大亮时,转经路上高挂的经幡在晨曦中越发显得醒目,五色旗幡在晨风中摇晃摆动,发出悦耳的声响。药王山、功德林一带,黑压压的人群接踵摩肩,拉萨城几乎可以说是万人空巷,人群涌来又远去,一浪高过一浪,聚集在药王山下摩崖石壁前,汇聚在功德林煨桑台前。人们着急地把自己的糌粑口袋里的糌粑往外抓,往桑火上撒;接着从腋下抽出一两束香柏枝添加在上面,口中高声祷告。桑烟滚滚,就像一注喷泉直冲长空,和桑烟混融一处的是那一丝丝的雾气,在半空中如流水般涌动。转经的队伍从布达拉宫西侧转到北面,又从北面经过龙王潭,再流动到小昭寺,然后向南转向中环路。

平时热闹非凡的八廓街头,这一天显得格外冷清。凡是藏族人开的店铺几乎都关了门,仅剩的摊点也零零落落,少有人关注。圣地拉萨在这一天,完全沉浸在朝佛之中,信徒们都要向佛祖表白一份心迹,颂扬佛祖的功德,"萨嘎达瓦",每年的四月,都会成为祭佛诵经的海洋。

行善是萨嘎达瓦节的重要内容。从凌晨开始,有人就开始做布施,这天只要遇到乞讨的人,无论他的身份是僧侣还是乞丐,人们都慷慨施舍,因此很多贫困之人自然不会轻易放过这个好日子。正因为这样,"萨嘎达瓦"也有了一个另外的称呼:穷人节。这一天,施舍的人很多,来接受施舍的人也很多,大多来自拉萨市内和城郊各贫困县乡,也有一些孤身独影来朝佛而经济拮据的香客。这一天,他们没有了往日可怜兮兮的神态,不会伸手哀求,也不说那些赞美之词,只是平静地等待着。他们接受布施后,也没有往常那种受宠若惊，也不会谦恭致谢，整个过程平平静静，布施的和接受施舍的都很淡定。这一天，接受布施的人少的话有二三千人，多的话则达六七千人，从布达拉宫西侧马路一直延伸到小昭寺门前，他们井然有序地坐在那里，耐心地等着。

不仅仅穷人们会受到佛祖的恩泽，就连布达拉宫北麓龙王潭的一群群金鱼，也能在这一天受到佛祖的恩泽。它们在湖中摇曳游动，安然地接受着转经人们撒向湖中的点心、饼干和糌粑。还有神羊、藏狗和猫同样也能饱享口福。转经路上，不时有人抛给它们酥油糌粑和馍馍。一般说来，平常爱吃牦牛肉的信徒会在藏历四月初八、十五这两天吃素，也会尽量不做恶事，因为在这段期间做恶，恶报会更加严重。

夕阳西下，"林廓"上已经很少再见到施舍的景观了，但转经的人流却洪水般涌进大昭寺周围的八廓街上，清晨冷清的八廓街突然膨胀起来。沐浴着晚霞，信徒们抓紧时间转经，手中经轮更加急切地转动，佛珠拨过一粒又一粒，六字真言从嘴中喃喃而出，桑烟弥漫整个八廓街，"萨嘎达瓦"就这样在夜幕中收尾了。

● 燃灯节，星光烟火人间流年 ●

在夜空中，伴随着浑厚的法号、法螺声，大昭寺的僧人们在金顶旁坐成一排诵唱经文，深沉而空灵的声音在空中传得很远。一盏盏酥油灯，在大昭寺的金顶、殿堂屋顶、窗台、楼宇轮廓处被点燃了，点点火光与弥漫的桑烟就像是与天相连。

"燃灯节"藏语称"葛登阿曲"，又称"五公节"，每年藏历十月二十五日举行。据说，这一天是藏传佛教格鲁派创始人宗喀巴大师圆寂成佛的日子。在这一天，凡是属于格鲁教派的各大小寺庙都要在寺院内外的神坛上点酥油灯，而各村寨牧民则要在家中的经堂里点酥油灯。为了纪念这位大师，虔诚的藏族信徒点燃酥油灯，昼夜不灭，以祈求平安和顺。在这一天，还有吃"吐巴"的仪式，这个习俗至今依然在西藏各地流传。这一天，在环绕大昭寺的八廓街上，家家户户都要在窗台上点燃酥油灯。跳动的火焰传递的是信徒的善念，烟云袅袅升起之时，八廓街上早已经人山人海。

宗喀巴去世那年，由于交通不便，信息传递很困难，导致这个消息传到各地的时间不一样，因此各地过"燃灯节"的具体日期也存在差异。最遥远的西藏东部康区，也是最晚得到消息的，那里的"燃灯节"是在藏历的十月二十五日过，比拉萨晚了5天。因为不通晓藏历，内蒙古及其他一些地方一般把农历的十月二十五日定为"燃灯节"。这种按照农历过"燃灯节"的做法，有时与西藏地区是同一天，有时可能会相差一个月。后来，格鲁派成为西藏地区最大的宗教派别，宁玛派、噶举派、萨迦派等藏传佛教的其他派别，尤其是这些派别的信教群众，也都要过"燃灯节"。藏传佛教的信徒们做酥油灯，从燃灯节前几天就开始了，寺庙里的喇嘛每个人要做30盏以上的酥油灯。

夜幕降临，大街小巷都弥漫着"吐巴"和桑烟的香味，大昭寺一带燃起千万盏酥油灯，八廓街里更是人头攒动。燃灯节当天晚上，家家窗台上都要放满酥油灯，盏数一般为单数。在藏族人民的观念里，单数是吉祥的意思。燃灯节那天晚上8点钟，大昭寺门前熙熙攘攘。法号、法螺、金唢呐声次第响起，在道路两侧、佛塔周围、殿堂屋顶、窗台、室内佛堂、佛龛、供桌等，凡是能点灯的台阶上，僧人们都要点上一盏盏酥油供灯，把佛塔、殿宇、佛堂、屋子照得灯火通明。与此同时，还要在佛堂内供一碗净水，灯水互称，交相辉映。

大昭寺寺顶围墙上，酥油灯光连成一片，远远眺望，就像是繁星落地，夜空在它们的照耀下越发通亮。此时，信徒们一起唱起经文，用最深的感情悼念宗喀巴大师，场面肃穆庄重。转经的人潮，就像滚滚波涛一样一浪涌过一浪。经筒在信徒手中飞转，诵经声嗡嗡不绝。大昭寺周边的煨桑炉，大把的柏枝被投入炉中，白烟蒸腾，直升夜空。

在燃灯节这一天，食物必须准备充足丰盛。燃灯节一定要食用一个名叫"藏粑面粥"的特殊食物。这种食物是用糌粑面，即青稞炒熟后磨成的面、茶叶末和少量盐巴等煮成的粥。据说，有一年的燃灯节，有个小喇嘛坐在屋顶与老喇嘛一起念经。时间太长，小喇嘛肚子饿了，不由得想起燃灯节的美味，错把经文念成"酥油灯供在屋顶，粑面粥煮在锅底"，引来老喇嘛的侧目。

住在八廓街的格桑卓玛，每年燃灯节时，都要在自家的窗台上放几十盏酥油灯。这些酥油灯，家里几天前就开始做了，只为表示对上师的崇敬。晚上全家人还要一起吃"吐巴"。

在大昭寺广场人群中，有人跟着僧人的诵唱轻声应和，有人不时将一把把"风马纸"撒向天空。煨桑的香炉火光冲天，虔诚的信徒们争先恐后地把献给大师的"桑""吉祥草""糌粑"投进香炉。

有人会用手机、照相机留下这一珍贵的瞬间，还有一些小孩和年轻人会举着灯笼和各式各样发光的玩具在人群中窜来窜去。那些来拉萨旅游的国内外游客，惊叹着自己今晚看到的一切，仿佛进入了奇幻世界。

第四章
八廓街里的生意经

"夏帽嘎布"是一家百年老店的荣耀见证,也是八廓古城的珍贵记忆;"北京从康"富有传奇色彩的汉藏情缘,谱写了一曲民族团结的动人乐章;"邦达仓拥有大地,邦达仓拥有天空";"在冲赛康街上,请您游逛三圈;只要自己有钱,可做任何买卖"……八廓街上的每一家店都流动着人间的烟火气息。

● 夏帽嘎布,八廓唯一的百年老店 ●

在八廓街北侧,有一家营业了上百年的老店,如今仍然在八廓街上迎来送往,这家店就是"夏帽嘎布"。"夏帽嘎布"的招牌是木质的,白底红字

有些褪色，透着岁月的沧桑感。走进"夏帽嘎布"，随处可见的是千姿百态的铜质佛像、做工精细的首饰以及色彩缤纷的唐卡等众多尼泊尔手工艺品。

130多年前，年轻的尼泊尔人玛尼·哈沙·觉尔提带领一支马帮，从印度出发，长途跋涉近一个月来到拉萨。他们一行十多人，二十多匹马驮着服装、大米、面粉、饼干、火柴等商品，从喜马拉雅山南麓的边境小城亚东进入西藏。如今，从拉萨到尼泊尔，坐飞机只需一个多小时，坐汽车也只要两天时间。

玛尼来西藏，是奉他的父亲巴苏然纳·堪萨嘎之命。当时，巴苏然纳在印度做生意，结识了一些藏族朋友。巴苏然纳从他们那里得知，西藏物资匮乏，急需各种日用品。很有生意头脑的巴苏然纳，决定让儿子玛尼带着商品前往拉萨一探究竟。其实，当时的巴苏然纳，生意正处于起步阶段，但他的远见卓识，让他做出了正确的决定。

玛尼到达拉萨后，就在八廓街的北面租了一个店面，开始做生意，售卖他们带来的商品。他们的商品实在太受欢迎了，顾客从早到晚排队购买，仅仅三天，他带来的所有产品就被抢购一空。那时候，八廓街上还没有那么多尼泊尔商店，玛尼带来的尼泊尔商品自然十分走俏。从此，玛尼开始在拉萨与尼泊尔或拉萨与印度之间往返。他从尼泊尔、印度运来各种日用品和食品，再把从拉萨收购的羊毛运到尼泊尔出售，获利颇丰。

玛尼的生意很火爆，他自然也成了八廓街的名人。不过，对于拉萨当地人来说，玛尼这个名字不容易记住，太长了。当地人叫他"夏帽嘎布"，也就是"白帽子"之意，原因是玛尼经常戴着一顶白帽子。久而久之，"夏帽嘎布"就成了他的店名。

"夏帽嘎布"最初主要经营的是日用品和食品，后来，其他商人纷纷仿效，八廓街上的同类产品多了，商家的利润没有那么高了，玛尼开始考虑更换商品的品种。后来，总有客人进店询问一些店里没有的产品，如僧人服装、唐卡、佛像、工艺品。精明的玛尼嗅到了商机，进货时就增加了一些新产品。于是，"夏帽嘎布"在经历了很多曲折变化后，从最初经营日用品、食品到经营银器、工艺品、唐卡，再到现在以经营铜佛像为主，其中凝聚了几代人的经营智慧。

玛尼是一位不折不扣的冒险家，他开创了"夏帽嘎布"。但岁月不饶人，随着年龄越来越大，他决定让两个儿子接管整个家族的生意。经过慎重考虑，他的大儿子担任董事长，远在拉萨的次子罗普也被他召回来。玛尼弟弟的儿

子、罗普的堂弟热特那·古玛·吐拉达哈，精明能干，接替罗普管理拉萨的"夏帽嘎布"。

28岁的热特那在1982年那年，从尼泊尔来到拉萨继承祖业，接管"夏帽嘎布"，成为它的第三任掌柜。初到拉萨的时候，热特那发现八廓街一带经常停水停电，基础设施也差，每家每户都备有汽灯。只是，汽灯使用很麻烦，很多拉萨人不会使用，还经常来"夏帽嘎布"找他帮忙。尽管各方面的条件设施都很差，"夏帽嘎布"的生意依然火爆，因为店里的商品做工精细，很受拉萨市民的喜爱。

2012年年底，拉萨老城区启动保护工程，周边的古老藏式建筑都得到了保护，八廓街的商铺场地也得到了规划，而且基础设施更加完善，环境也更好了。热特那也对"夏帽嘎布"进行了三次改造。将店内仓库拆掉了，扩大了空间，并为地板、楼顶、墙壁、柱子等都添加了木板装饰，配上铜像的颜色，整个店面显得温暖而明亮。

"夏帽嘎布"的一楼是店面，二楼是住房，热特那一家就住在这里，客厅、厨房、卧室一应俱全，楼顶则是健身场所。无论从二楼客厅的窗户，还是身在楼顶，八廓街上的景色都尽收眼底。30多年过去，观看那些熙熙攘攘的人群，已经成为热特那生活中必不可少的一部分。

如今，"夏帽嘎布"已经在八廓街矗立了130多年，它不仅成了老拉萨人难以忘怀的记忆，也是那些慕名前来的游客必去之地。如今，依然有不少老熟人进到店里，向热特那打招呼："夏帽嘎布！夏帽嘎布！""夏帽嘎布"，已经成为拉萨人对玛尼、罗普和热特那的共同称谓。作为一家百年老店的荣耀见证，这个名字也是八廓古城的珍贵记忆。

● 北京从康，一位北京商人的彩礼 ●

在八廓东街沿街，有一处文物保护院落，它也是藏族传统建筑的典型代表，叫"北京从康"。它原来是贵族的住房，19世纪20年代，旧西藏噶厦四大噶伦之一柳霞得到了它。后来，这栋房子被柳霞卖给了韩修君。韩修君从北京来拉萨做生意，为了娶到心爱的姑娘，费尽心思买下了这个院落。婚后，他和妻子一起经商，演绎了一段颇具传奇色彩的汉藏情缘。这个平常的藏式院落也因他们而变得温情脉脉，如今院中还保存着他们当年用过的物品。

此后，这栋古朴精巧的二层小楼改名为"北京从康"，"从康"的意思是"商店"。如果你早几年来拉萨，路过八廓街的时候，会看到一位汉族大爷，经常坐在"北京从康"门口的石阶上读书看报，他就是韩修君，"北京从康"的创始人。

"北京从康"的前身是1935年前后开的"文发隆"商店，之所以叫"文发隆"，是因为商店的东家名叫解文会，而掌柜叶茂青的原名叫叶增隆，取了东家和掌柜名字中的"文"和"隆"，寓意这个坐落在八廓街的小商店能开业大吉。国内其他地区与西藏的贸易源远流长，但近百年来才有其他地区的商人在拉萨设立商号。据说，解文会是在拉萨开店的第一个外地人。

在拉萨的北京商人，大多本人在北京办货，雇佣伙计在拉萨看店营业。将货物从北京运到拉萨，大概需要三个月时间，需要冬货夏天办，夏货冬天办。货从天津上船，经香港、加尔各答，到噶伦堡，再用骡马、牦牛、毛驴等驮运到拉萨。刚开始，北京商人并没有在拉萨开设铺面，各家商号合在一起，也只有十来个小伙计。这些小伙计，不管哪家的，吃、住都在"果芒康沙"楼上。大家住在一起做些小手工活，批发给街上的小摊贩和回族商人出售。直到20世纪30年代，才有商人陆续在八廓街开了几家商号。

1941年，"文发隆"的掌柜叶茂青带着17岁的韩修君从北京来到拉萨，韩修君就成了店里的小伙计。当时，和"文发隆"相邻的北京商店有"兴记""义生昌"；八廓南街有"喜马伦公司"和"裕盛永"；八廓北街有"德茂永"，往东还有个"玉记"号。

1945年前后，八廓街生意最好的是"兴记"和"文发隆"两家商店，本钱大约都有一万品藏银。北京各商号经营的货物主要是绸缎、瓷器、玉器，以及铜器、丝线、小手工艺品等杂货。这些商品中，花绸缎、铜器以及丝线的销路最广，因为寺庙里做"佛衣""神伞""画轴"等需要花绸缎，唢呐、净水壶、提炉等需要用铜器。丝线的销路也很广，因为藏族人无论男女老少都要扎辫结，所以买丝线的人也很多。

在"文发隆"做了一段时间的伙计后，韩修君积累了丰富的经商经验和一定的钱财，渐渐从"文发隆"独立出来，成为八廓街著名的商人。1953年，

29岁的韩修君深深地爱上了藏族姑娘白玛卓嘎。白玛卓嘎是一位拉萨藏族商人的女儿，但这位商人说要娶他的女儿，必须购买一处贵族院落，以显示其身份的高贵。为了娶到心爱的姑娘，韩修君费尽周折从噶伦柳霞手里买下"文发隆"这个院落，并将院落改名为"北京从康"。白玛卓嘎的父亲终于同意了这门亲事，韩修君如愿抱得美人归。在之后50多年的岁月中，韩修君和白玛卓嘎夫妇风雨与共，相亲相爱，生儿育女。随着时间的流逝，韩修君学得一口流利的藏语，入乡随俗，连早餐也是喝酥油茶、吃糌粑。而白玛卓嘎也能说简单的汉语，多次跟随丈夫回老家探亲。

韩修君热爱西藏，喜爱八廓街，他娶了藏族女子为妻，生下儿女，并终老在这座美丽的古城。光阴荏苒，八廓街在不断的发展中，呈现出今非昔比的繁荣景象。韩修君一家的生活也发生了巨大变化，5个儿女都已经长大成人。这段富有传奇色彩的汉藏情缘，谱写了一曲民族团结的动人乐章。前世五百次的回眸，才换得今生的擦肩而过，类似的故事还将继续在八廓街上演。

● 邦达仓，西藏最大的商号 ●

清末民国初期，芒康出现一户巨商，它在芒康乃至整个西藏都有一定的影响，那就是芒康邦达家族。"邦达仓拥有大地，邦达仓拥有天空。"而邦达仓就是邦达家族在拉萨八廓街的府邸。早在十三世达赖喇嘛执政初期，邦达家族就已经在拉萨建立商号。到十三世达赖圆寂时，邦达仓已经成为旧西藏地区内外羊毛贸易的唯一代理人。邦达仓的商业活动遍及北京、上海、南京、西宁、成都、香港、印度等地，不仅一直是西藏最大的商号，就连藏、川、滇商界人士都知晓。在茶马古道上，邦达家族马帮的铃声整整响了半个多世纪。

邦达·布意将，邦达家族奠定基业的领头人，原是一个贩运茶叶起家的商人，他在家乡芒康度过了少年时代，因与当地头人发生争执，不得不逃到拉萨谋生。刚到拉萨的时候，为了生存，他做过许多出力气的活儿，还当过贵族的侍从。慢慢地，他渐渐成长为一个独立的小生意人。他很精明，又会精打细算，在没有经商概念的贵族社会里，他很快就获得了数目巨大的资金。

生意的顺畅鼓舞了他，他不再局限于只做一些小生意，开始在印度和拉萨之间搞批发，成为当时备受瞩目的生意人。

1910年，西藏地方政府与清朝廷发生军事冲突，十三世达赖喇嘛逃到印度，在经济上援助十三世达赖喇嘛的，正是当时正在印度进货的邦达·尼江。当十三世达赖喇嘛安全返回拉萨后，他特意接见了邦达·尼江，作为报答，十三世达赖喇嘛问他要什么奖赏。邦达·尼江回答说，他不懂政治，只是一个商人，希望能够获得政府特许的经营权。于是，十三世达赖喇嘛赐给邦达·尼江五品"来参巴"官职，尽管他不是贵族出身。为了奖励他的忠诚，十三世达赖喇嘛还许以有不受普通法令限制的经商特权。从这以后，邦达·尼江开始崭露头角，他从销售商处以固定价格的半价购入羊毛，其他人必须在他完成购买后才能购买。运输费用他也只需要支付半价，并且别人只能在他完成运输后才能装运货物。

除了在西藏拥有商业特权，邦达·尼江也是从汉地输入茶叶和丝绸的主要经销商。到了1920年，他已经是西藏公认的商界领袖，在加尔各答、中国上海和北京有分号，甚至在日本也有他的分号。他将羊毛、牦牛尾和其他商品出口到印度；将羊毛服装、狐狸皮、石貂皮、猞猁、旱獭等输送到北京，然后从汉地输入大量的丝绸。到了1910年，邦达家族的商业帝国日渐成立，为了进一步扩大成就，他们决定与拉萨的贸易商央格棱家族联姻。邦达家族

的儿子扬培和多吉，娶了央格棱家族的女儿索南和色东。

十三世达赖喇嘛赐予的特权，让邦达·尼江成为商人中的佼佼者。这个让人羡慕的地位在给他带来巨大成功的同时，也给他带来了危险。最后，他遇刺身亡。到了邦达·尼江儿子这一代，邦达家的发展到达巅峰，他的三个儿子可以说是乱世枭雄，在商、政、军三界都有着惊天动地的经历和事迹，在西藏现代史上留下了浓墨重彩的一笔。

长子邦达·扬培是旧西藏驻印商务代表、亚东总管。邦达·扬培与他的父亲一样，也是一个精明的生意人。他继续发扬父亲的光荣传统，将家族生意经营得更加兴隆。在强大的财力支持下，邦达·扬培与大贵族的来往很顺利，并在他们的帮助下，在热振活佛担任摄政时期，与"热振拉章"和"桑独仓"并列为西藏最大的三间商号，称为"热、邦、桑松"。

由于经营商品的不断增加，邦达仓的权限范围也在不断扩大，统治了西藏的羊毛、黄金出口等进出口所有生意。显然，地方政府在邦达·扬培的生意上给予了很多的帮助。邦达·扬培的财富是他交际贵族社会的资本，他的权力又帮助他更加快速地积累财富。品尝到权力带来的好处，他开始贿赂购买更高的官职，建立自己的人脉网，甚至与一些大贵族建立姻亲关系。与此同时，邦达·扬培还享有乐善好施的美名，他与三大寺以及西藏许多寺庙都建立了密切的联系，是三大寺的施主。

刚开始，邦达·尼江只是一名普通商人，他在茶马古道上辛苦经营，通过自己的努力创造了辉煌的家族历史。西藏和平解放后，邦达家族举家迁回老家。如今，邦达家的后人还有不少在拉萨和昌都，也有人在国外经商。位于八廓南街的邦达仓老宅依然还在，但时过境迁，早已物是人非。那些路过的游客中不清楚这段历史的人，估计不会感受到这个家族曾经的强大气场。

●冲赛康市场，拉萨真正的"土豪街"●

了解一个城市最好的办法，就是去逛当地的市场。只是，很多来拉萨的游客可能会去布达拉宫、逛大昭寺、喝甜茶晒太阳、拜神湖……却少有人愿意去逛一逛当地人的市场。八廓街上有一个露天市场，叫"冲赛康"，是拉萨本土最古老的集市，也是当地人最喜欢逛的古玩市场。"冲赛康"，在藏语中的意思是"市场、集市"。"冲赛康市场"原来只是一片被叫作"冲赛康甸塘"的平坝子，藏语"甸塘"的意思就是"平坝子"。20世纪中后期，有一些零散的商户在"冲赛康甸塘"出售牛粪、牲畜、陶瓷等小商品。后来，人越来越多，商品种类也越来越多，从21世纪初到现在，"冲赛康"南角已经成为珊瑚、蜜蜡、天珠以及银器等饰品的大型交易市场。

"冲赛康"没有摊位、没有商店，买东西和卖东西的都站着交易。它坐落在拉萨的闹市区，位于一个五岔路口，往南走便是西藏商业中心八廓街。每天上午11点左右，藏族同胞们便会陆陆续续来到这里，成群结队地站在骄阳下，开始一天的生意。他们清晨聚集起来，太阳下山就各自散去；他们身材魁梧，身着传统的藏袍，盘着鲜红丝线编的辫子，戴着天珠、蜜蜡、宝石……互相观摩，讨价还价。

作为拉萨本土最古朴的集市，"冲赛康"是一个"流动的古玩市场"，还有"雪域高原义乌"的美誉。来自大江南北的生意人聚集在这里，他们中有汉族、藏族、回族以及维吾尔族等，操着不同的口音在集市上吆喝。这里永远都是那样的繁忙热闹，在这里，宗教与世俗两种力量隔街相望，守护着八廓街，也守护着这座城市的灵魂。

"冲赛康"是一个非常重要的露天集会，将各种珍宝珠子挂在胸前的康巴藏人，神气十足地站在冲赛康市场的马路中间做生意，这样的经营方式被称作"康巴朗聪"，也就是"站着完成交易"。他们既是卖家也是买家，漫无目的地游走在人群中。当看到一件自己中意的东西时，他们会直接上前欣赏把玩，互相交流，一点都不见外。如果真的很喜欢想要买下来，他们就会用西藏最具特色的"袖筒生意"来讨价还价。在商讨价格时，买卖双方会在藏装宽松的袖筒里用专业的手语比画示意。表面上他们好像不动声色，只有会心的笑和轻声的耳语，实际上袖筒中可能已经吵翻了天，这就是"冲赛康"的"康巴站市"和他们的"袖筒交易"。"冲赛康"里成千上万的交易就这样在不知不觉中悄然谈妥。来自西藏各地的康巴商人，在这里如鱼得水，这里有他们烂熟于心的商业规则。

"康巴站市"和"袖筒交易"是精明能干的康巴商人自己发明创造的，

也是改革开放市场经济繁荣后自发产生的事物，具有鲜明的时代印记。康巴汉子虽然身材魁梧、性格豪爽，却胆大心细，具有天生的经商头脑，他们敢作敢为，把生意做到了海内外，是一群具有独特顽强生命力的人群。看似毫不起眼的"站市"造就了一个又一个富翁，这里无疑是康巴商人的福地。

在西藏，很多地方都流传着关于"罗布桑布"的传说，他是西藏商人之神，"冲赛康"的繁华就是他的功劳。西藏民间把他称作"聪本罗布桑布"，"聪本"是"商主""商官"的意思。传说当年，"罗布桑布"路过"冲赛康"，看到当地贫瘠、民生凋敝，心有不忍。他对一位正在耕地的农妇说："我想帮助你们改变生活，有两个办法：一个是送给你们一座金山银山，永远都挖不完；一个是在这里为你们开办一所商业交易市场。你是愿意要哪个？"聪明的农妇想到平时这里总是缺衣少油，就说我不要金山银山，请为我们建造一个百物聚散的市场。如果能这样我就心满意足。于是，"罗布桑布"在这里建造了著名的"葱堆市场"。随着时间的推移，越来越多贸易市场出现在西藏大地上，造福四方百姓。

从贫穷到富足，从零落到繁华，"冲赛康"完整地保留了藏族最原始古朴的交易方式，以及当地独特的风貌。如今，来这里交易的除了康巴人，还有很多其他地区的商人，他们在这里买货，也淘金。艳丽的绿松珊瑚耳坠、胸前数不清的蜜蜡、绿松和珊瑚，以及手中揉捻的佛珠，厚重而玉润，阳光下格外引人瞩目。只是，这琳琅满目的物件需要用智慧和理性去分辨真假，方能不受蒙骗，得其所爱。

"冲赛康"一带还是"贴嘎儿"的大本营，每天有几十辆"贴嘎儿"在这里迎来送往。藏语把"板儿车"叫作"贴嘎儿"，作为一种人力车，"贴嘎儿"曾经是老百姓、小商户运送各种物品的主要交通工具。如今，虽然大街小巷奔跑的是各种大小不一的汽车，但"贴嘎儿"依然没有退出历史舞台，它依然拥有自己的市场。因为大昭寺和八廓街周围的老城区里禁止机动车辆通行，而八廓街又是一个享誉中外的商业区，要运送货物就离不开运输工具。因此，"贴嘎儿"责无旁贷地成了老城区内的"运货大王"。

来"冲赛康"做交易的商人，一般都会带着或大或小的包，因为在这里交易的主要支付方式是现金。这里的商业因此被当地的老百姓戏称为"提包公司"的人。如今，为了安全起见，大多数人开始把钱存到银行卡里，交易时他们或者到附近的银行取钱,或者使用微信、支付宝等电子交易方式交易。当然,也有少数人依然坚持着背包的习俗。

● 八廓商城,活力四射的新商圈 ●

八廓街的文化底蕴很深厚,它不仅是拉萨的一张城市名片,也是代表这座城市的符号。日月如梭,八廓街老城区也在发生着日新月异的变化,以前那些熙攘的小摊点变成了现代化的新商城,融合了现代与历史,古老的城区开始焕发出新的风情。

2013年1月,八廓商城正式开工,当年11月正式开业。它是拉萨老城区保护工程的配套项目,设有经营摊位3000多个,绿化、给排水、消防等基础设施配套齐全。在商城建立之后,八廓街显得更加整洁宽敞。商城的建立减轻了老城区的人口负担,方便了居民生活,改善了老城区城市面貌,更加有效地保护了八廓街这个优秀的传统文化遗产。

扎西是八廓街的一位老商人,以前在八廓街摆摊的时候,他每天凌晨就要从家里推着小车来摆摊,晚上再推回家,不仅麻烦而且特别辛苦。如今,他只需要去商城即可,摊子下面的柜子可以储藏货物,不用每天把货物带回家。商城里的装饰很有民族特色,连摆摊的货架都很讲究。

当藏历新年临近的时候,八廓商城内人山人海。此时的八廓商城,到处洋溢着浓浓的年味儿。从一楼到三楼,从节日用品、服装饰品到干果零食,售卖年货的摊位有序排列,各式各样的年货堆得满满当当。对于各家商户来说,春节、藏历新年是生意最好的时候。

除了购物,八廓美食街美食的诱惑力也是大大的,在这里,你可以品尝到不同地域、不同风格的美食。在美食街,除了可以吃好吃的,还可以购物、娱乐、休闲,等等。这里汇聚了众多国内外知名品牌商家,是拉萨首个以"美食+旅游"为主题的旅游餐饮街区。八廓商城二期,距离大昭寺很近,直线距离只有800米,与布达拉宫的直线距离为2000米,是拉萨本地居民和游客集散中心。

在八廓街,大部分当地人一天的生活都是从一碗飘香的藏面开始的。清

晨的阳光刚刚光临到八廓街,八廓美食街的"鲁古辣子藏面馆"的顾客就已经络绎不绝。藏面的精髓在于汤,它的汤需要是原汁原味的牦牛肉汤,不能添加任何添加剂。这个店取名为"鲁古辣子藏面",是因为藏族人喜欢吃辣椒。这个面馆经营的品种非常丰富,其中藏面和甜茶最受欢迎,特别是藏面,每天营业8个小时就能卖掉300多碗藏面。

美食街上,还有一家叫"留香记"的餐馆很受顾客的喜欢,它的老板叫何克林。何克林曾在一家大型美容美发店当了10年的经理。在拉萨待了很长时间后,何克林也特别想创业,他很看好这个新商圈的发展,就一口气签下了10年的经营合约。目前,何克林在拉萨经营着两家餐馆。

除了浓浓的商业气息,八廓商城还有一股暖暖的人情味。每天环卫工人都能喝到落脚点餐饮集团提供的免费甜茶,电影院每逢特殊节日也会邀请福利院的小朋友观看电影。八廓的商业经营模式是现代化的,里面却饱含着古老的质朴的情感,它们共同交织出了八廓商城的新貌。这里承载着传统与创新,流动着的是人间的烟火气息。

第五章
古城的俗世烟火

每天，八廓街上的人络绎不绝，这条古街被来来往往的人渲染得异常繁华，而让人回味无穷的还有八廓街上的各地美食。兴许走进一家餐厅，你就会无意间发现某个食物唤醒了你的味蕾，不经意间就体味了别样风味，八廓街上各地风味汇聚的美食天堂带给人们的乐趣，就是如此。

● 光明茶馆，享受静谧的慢时光 ●

茶在藏族人民的生活中必不可少，就算排不上第一也一定能排在第二位。"好马相伴千日，好茶相伴终生"这句谚语在藏族同胞中很流行。明清之际的思想家顾炎武说："茶之为物，西戎吐蕃古今皆仰之。以其腥肉之食非茶

不消,青稞之热非茶不解,故不能不赖于此。"藏族人历来喜食肉、好饮酪,这样的饮食结构,容易导致各种维生素缺乏,而茶中含有茶多酚、咖啡因、氨基酸、维生素等各种营养物质,不但可以生津止渴、化食去腻,还能补充各种维生素。对藏族人民而言,茶不是一般意义上的饮料,而是生活中一刻也不能离开的圣物,甚至"宁可三日无粮,不可一日无茶"。

八廓街上的光明茶馆,不仅深得当地藏族人民的喜欢,常常在那里聚集,而且也是每位旅行爱好者的打卡之地。光明茶馆分为三部分:一个露天,两个室内。露天的强烈光线,无法为室内增添光亮度,因此茶馆的室内显得潮湿阴暗,橘黄的灯光映射在茶客脸上,轮廓分明。昏暗中,最显眼的东西就是那一张张的长方形桌椅。与装修精致、格调高雅的玛吉阿米、冈拉梅朵相比,光明茶馆显得很是破旧,不修边幅。但是,身处其中,你会感觉时光回到了过去。岁月,是这间茶馆最浓厚的乡音,也是拉萨百年来的记忆。

来光明茶馆的人,大多都是当地的男性居民。据说,来茶馆的客人一般分为两类:一是"有闲阶级",二是"有忙阶级"。一般人可能认为,"有闲阶级"是指那些地方文人、退休官员以及其他社会上有时间的人;而"有忙阶级"则分为好几种:有以茶馆为工作场所的人,比如商人、算命先生、郎中以及手工工人;也有以茶馆为市场的人,比如小商小贩和待雇的苦力。

不过,"有闲阶级"和"有忙阶级"的概念并不规范,也没有严格的阶级划分。例如,"有闲阶级"虽然是形容那些没有正经工作和享受生活的人,但他们也并非一定就是一个独立阶级,他们可以很有钱,也可以很穷。不过,"有忙"和"有闲"这两个词的确能够概括去茶馆的各种人。无论是上层精英还是下层民众,无论是富人还是穷人,无论是闲人还是忙人,都在茶馆活动,都在感受茶馆的意蕴。

如果晚一点来,茶馆里几乎找不到空位,客人们不论是否曾经相识,都可以坐在同一桌的长条凳上,一起喝喝甜茶,聊聊天,这是他们喜欢的生活方式。光明茶馆以藏面和甜茶出名,这里的藏面入口爽滑有韧劲,里面还加了碎粒牛肉,汤底经过一番调配,香气浓郁,面还没上桌,香味就已经先飘来,让人流连忘返。不过,藏面只是辅助食品,来光明茶馆,最重要的事是喝甜茶。

来这里喝甜茶的人,都要自取茶杯。取了茶杯,找到位置坐下后,茶客们便把零钱和空杯子放在桌面上。这个动作看似简单,却无声胜有声,店员们看到后,就会提着暖瓶而来,给空杯子添满热气腾腾的甜茶。添满茶后,他们会在你的一堆零钱中,抽取出甜茶费。茶客在这一连串的动作中,几乎没有任何参与,语言在这里也失去了它的作用。一百多年的老茶馆,潜移默化中已经形成一套自己的运作程序,并得到了广大茶客的认可。

有些茶客会随意地将手机和钱放在桌子上，兴致勃勃打牌。围观的人很多，鱼龙混杂，但几乎没有失窃的事情发生。其中一定有一种看不见的道德力量约束着这里，让人与人之间，心有灵犀。这，就是人与人间的诚信。

就像是咖啡之于巴黎，甜茶对于拉萨而言也是不可或缺的，甜茶馆在拉萨的大街小巷随处可见。当地人日常休闲最常去的地方，就是八廓街的光明茶馆，这里也是最惬意舒适的场所。对于茶客来说，他不在茶馆，那就是在去往茶馆的路上。拉萨的甜茶馆对于来拉萨的人有一种特殊的吸引力，在慵懒的氛围中，时间流逝得很慢，也很惬意。热乎乎的甜茶下肚，全身各个器官都舒适无比，这里就像是休憩的港湾，即使茶馆外的街道上川流不息，但只要你坐在这里，你就能够保持那份难得的安宁。

离开西藏之后，甜茶馆成了很多人魂牵梦绕的地方，也许只有在圣地拉萨，你才能找到这种世外桃源般的精神家园。如果你第一次到拉萨，一定要到茶馆走一走。在这里，你不仅能看到市井风俗，更能感受到别样的平静；在这里，你会触动心灵的某一个地方，让人感到远离喧闹后的宁静。

● 各地美食成就天堂 ●

每天，八廓街上的人都络绎不绝，这条古街在来往穿梭的人的衬托下显得更加繁华热闹，街上的各地美食更是让人乐不思蜀、留恋不已。无论你的口味如何，有什么偏好，都能在八廓街一品味藏式美食，寻求不一样的美味，尽兴体味，满意而归。

每年冬季，"玛吉阿米"都会安装藏式传统的烤火炉具，推出烤羊腿及各种印度餐、藏餐、尼泊尔餐等各种饮食。坐在"玛吉阿米"的窗旁，喝着"玛吉阿米"特制的咖啡，和煦的阳光晒在身上，让人很舒坦。如果想品尝藏餐，"宫廷藏餐"绝对能让你大饱口福，餐厅的厨师长还结合外地和西藏本土的特点，推出了独一无二的创新火锅。

对于拉萨这座古老的城市来说，本土的藏式火锅不仅是一种食物，更是文明进程的重要里程碑。千百年前，火锅还只是官贵私享，到了近代，它成了老百姓的日常吃食。如今，它已经成为这座城市中每个人味蕾中的重要组成部分，再也离不开它。藏匿在八廓街里的藏式火锅，总是能惊艳初来拉萨人的味蕾。上百家火锅店分布在拉萨城内的各个角落，大小各异，各有千秋，而最出名的，要属八廓街里的"玛禄藏膳"，它在老食客心中，占有重要的一席之地。

走进"玛禄藏膳"，你能看到各式各样古旧的藏式壁画、藏式家具，一种浓郁的藏式风情迎面扑来。据说，过去的火锅都是老式的炭炉锅，中间有个烟囱，燃料是用炭来烧的，有点类似老北京涮肉的铜锅。现在已经全部改为煤气，倒是干净整洁了不少。藏式火锅吃法很独特，不像其他的火锅一样涮着吃，而是将各种荤菜、素菜像一座小山丘，堆在锅里。配菜有4荤4素。荤菜是牛肉、牛舌、猪肉和肉圆子，素菜是胡萝卜、白萝卜、莴笋和木耳。

藏式火锅的汤底微微泛着奶白色，色泽鲜亮。汤底必须要用牦牛骨头熬制而成，清淡香口，让人回味无穷。因为藏式火锅都是清汤，汤底是否好吃成为直接决定整个火锅的关键因素。所以，厨师选的牦牛骨头，一定要是本地出产的，用慢火熬很长时间。在熬制的过程中，还需要不断撇去汤表面的浮油，如此才能保证汤的色泽清亮。藏式火锅的油碟一般不再需要添加任何其他调料，很多本地人的习惯就是往自己碗里加点汤。当然，如果有需要也可以添加葱、蒜、香菜等。

有人曾把藏式火锅称为"舌尖上的工艺品"，深以为然。老院子"桑珠颇章"旁边，有一间名叫"扎西德康"的藏餐屋，老板叫丹增，不过他的主业是收集藏式古董，并不是开火锅店。当然，他的餐厅里有很多古董。这位会做藏餐的古董收集者，开的餐厅吸引了不少人前去。在"扎西德康"吃饭，你可能会发现旁边摆放的物件颇具厚重感，佛龛柜、古老的石锅、六弦琴、老马毯等古物件，除了能彰显老板的收藏品位，也将餐厅的格调变得与众不同。"扎西德康"的老板丹增经营餐厅就像对待古董一般，从餐具到食材无不精致别雅，把那

藏式火锅做成了舌尖上的艺术品。

在八廓街，如果你想要找一处既能品尝藏餐又能欣赏风景的地方，选择"刚吉餐厅"绝对不会失望。"刚吉餐厅"位于丹杰林路上，顺着小小的门头上去，二楼的餐厅宽敞惬意。这里有一个露天的平台，坐在这里，脚下是熙熙攘攘的八廓街，远处是绵延的山脉，头上是静如丝绸的蓝天白云。抽一个闲暇的时间，在这里留下西藏之行的美好回忆，是游客们都喜欢做的事情。在这样安静的地方欣赏八廓街的繁华，也有一种别样的意境，"刚吉餐厅"作为热闹中的一方净土，能充分满足游客们的愿望。

找一个闲适的午后，坐在这里点一壶甜茶，在醇香四溢的气氛中，慢慢地品味这甜茶的香甜可口。在这里，就算你只点一壶甜茶，依然可以静静地坐到餐厅打烊，享受一整天的安逸，不会有人来打扰你。如果看风景饿了，就尝尝这里的藏面吧！筋道的面条上撒上碎牛肉和葱花，再配上浓郁的汤汁，喝一口咸鲜十足。牛肉一定会炖得很烂，夹杂在面条里，加上葱花的提味和点缀，一碗热乎乎的藏面能让你忘记一切。

"刚吉餐厅"的藏餐中面食包含牦牛肉面、鸡丝面、多种素菜面、藏面猫耳朵、藏面疙瘩等；以牦牛肉为原材料的热菜有牦牛肉炒青笋片、蘑菇炒牦牛肉、圣地油烤牦牛扒、土豆牦牛肉包等；特色凉菜有西红柿辣酱、凉拌牦牛舌、生牦牛肉辣酱等。除了上述藏餐，这里还有特色的中餐和西餐，种类丰富的美食能够满足游客的所有要求。

"雪域餐厅"，一家同样经营多种类别美食的餐厅，早已是名声在外。"雪域餐厅"的装修为现代风格中带有藏式风情，顶棚是带着藏族特色的白底蓝花的吉祥八宝图，吊灯却是带西式风格的圆球状。"雪域餐厅"的特色是改良的藏餐加西餐组合，当然，这里也有尼泊尔菜和印度著名的飞饼等。到拉萨的外国游客最喜欢在这里聚集。

八廓街上的餐厅数不胜数，美食种类更是很难详细描述。街边的店铺，热情地等候着食客们的光顾，众多美食也在热切地等待着人们前去发现。也许，当你随意走进一家餐厅，却会在无意间发现某个食物唤醒了你的味蕾。这里是各地风味汇聚的美食天堂，八廓街带给人们的乐趣，大抵就是这个。

● 触摸八廓的啤酒主义 ●

公元前3000年，苏美尔人发明了啤酒，这是世界上最早的有文献记载的酒。有人说，生活要么太苦要么太甜，总得要喝一些中性又不是水的东西。如今的拉萨酒吧，很流行一首歌名叫《拉萨的酒吧》："拉萨的酒吧里什么人都有，就是没有我的心上人。拉萨的酒吧里什么酒都有，就是没有我的青稞酒。"歌手的反复吟唱，让这首歌在拉萨的大街小巷传唱。其实，青稞酒在部分酒吧依然有供应，只是青稞酒的时代已一去不复返了。年轻的一代人不再青睐传统的青稞酒、藏白酒，取而代之的是啤酒。拉萨、雪花、百威、银子弹等各种品牌的啤酒在拉萨深受欢迎。

虽说喝啤酒是德国人的一种生活方式，但这话放在拉萨人身上也很合适。藏族人不但能歌善舞，酒量更是颇负盛名。直到今天，很多藏族人家里还保持着酿酒的传统。在孩子很小的时候，藏族人就会给他们喂青稞酒糊糊，那些用青稞酒喂养长大的藏族人，几乎个个都是海量。所以，在青藏高原上，尽量不要和藏族人比酒量，不然醉倒的大概率就是你。

在拉萨，酒吧其实就是酒馆。拉萨的酒吧数量很多，消费者也很多，因此啤酒的消耗量十分惊人。八廓街的酒吧里，游客更多，这里是背包客集散地和大本营。"冈拉梅朵""顿尼亚""背包客"等多家酒吧或餐吧，是背包客们一定要去坐一坐的地方。

在八廓街经营的酒吧，内部装饰洋溢着满满的西藏元素，包括唐卡佛像、藏戏面具、酥油桶、玛尼石、木雕，以及西藏题材的油画，等等，在店内比比皆是。置身于这些充满着藏式风格的酒吧里，藏香缭绕，手里端着啤酒杯，别样的西藏风情以一种全新的方式呈现在面前。

"西藏老鬼"，一家非常有名的小酒吧，位于大昭寺广场西北角的丹杰林巷子里。"老鬼"，是酒吧老板的称呼。十多年前，老板徒步夜行，晚上想借宿一户人家。但是，他敲门半天也无人应答，仔细一听，屋内有声音在小声议论：是不是有鬼来了。后来，老板向主人详细解释，主人这才留他夜宿。于是，"老鬼"的称呼一直沿用至今。

大多数酒吧晚上开门，白天歇业，但"西藏老鬼"并不是如此。如果你

在八廓街逛累了，可以选择去老鬼家坐一坐，休息一会儿。老鬼家的酒吧不大，只有几张桌子，但别致又有情调。拉萨的日照总是很强烈，如果你在这时走进老鬼家，一定会立刻就感到清爽了。这就是老鬼家给人的感受，一个能够让你随时去栖息的舒适空间。

"矮房子酒吧"，是喜欢音乐的人来八廓街一定要去的一家酒吧。它是一个音乐主题酒吧，据说很多来拉萨的明星都喜欢这里。"矮房子酒吧"的老板是兰州人，原来是学画画的，后来到拉萨开起了酒吧。他曾8次去印度和尼泊尔，只为寻找当地最原生态的音乐，那些具有异域风情的印度音乐和尼泊尔音乐。在这个充满异域情调的酒吧里，慢慢品着啤酒，静静听着音乐，心中某处柔软的地方会被轻轻拨动。

冬季的八廓街酒吧，没有夏季那么热闹，为数不多的游客走走停停，显得些许冷清。到了这个季节，八廓街酒吧的老板会通过调节价格来吸引本地居民，因此即便在冬天，这里也不会冷得没有人气。

●古树下品酸奶，尝一下惬意时光●

号称"世界屋脊"的青藏高原，就是藏族人民赖以生存的家园那片广阔的土地。每天清晨，当第一缕阳光洒满这个神奇的大地时，妇女们便会到牛羊群里挤奶。每天早晨，一桶刚挤好的新鲜牛奶正好开启了牧民的美食之旅。

在藏族的饮食中，每天离不开的食物中就有酸奶。酸奶不仅能够滋补气血、美容养颜，而且对常食肉的藏族群众来说，其对肺结核、消化不良、心血管等病症，也有明显的疗效。制作酸奶的过程并不复杂。首先是过滤，牧民会用密度极高的纱布，将刚挤好的新鲜牛奶，从一个桶过滤到另一个桶。砂砾、牛毛等杂物便与牛奶脱离，往往会过滤上两三遍。然后是煮熟牛奶，将过滤后的牛奶架在牦牛粪炉子上，均匀搅拌。时间的掌控取决于牧民的经验。将牛奶煮熟后，搁置一边晾凉。接着加入上一次制作酸奶留下的酸奶块，类似于发面的酵母。最后将牛奶搁置在不同的小盆中，盖上厚厚的棉被，过上两三天，就变成了奶香扑鼻的酸奶。

如果你要出远门，喝上几碗酸奶，既能充饥，更能解渴防暑。每年夏天的"雪顿节"，就是吃酸奶的日子。

酸奶最精华的部分，是那泛着淡香的黄色的奶皮。扒开这层奶皮，软嫩黏稠的酸奶洁白如雪，沁人心脾。想在八廓街上寻觅这份独特的美味并不难，只要你沿着八廓街青灰色的石板路顺时针走，一定会遇到八廓街最古老的树。传说那是从文成公主种下的"公主柳"上折下的枝，插在这里存活下来并长成现在的样子。"古树酸奶"就藏在这棵古树身后，它的邻居是拉让宁巴古建大院。"古树酸奶"的店主王永江，具有一套独特的制作方式，制作出的酸奶口感纯正、层次丰富、香味浓郁。如今的"古树酸奶"店已经成为到八廓街旅游的必去店家之一。经验丰富的王永江认为留住顾客的就是酸奶优良的品质。

制作牦牛酸奶，奶源至关重要。为了寻找正宗的奶源，老板王永江花了几个月的时间，在拉萨近郊的农户中寻找。功夫不负有心人，他终于在纳金乡找到了一位阿佳。阿佳家的酸奶作坊由来已久，远近闻名。作为有经验的酸奶制作人，阿佳在清晨把牛奶挤出来后，就放到锅里煮，煮熟后自然冷却。阿佳会用手来测试温度，当温度达到之后，立刻加入一些老酸奶，然后用大衣、棉被等捂严实。等酸奶发酵好后，第二天再送到店里。"古树酸奶"就这样既保证了奶源，又为顾客提供了最新鲜的酸奶。正因为质量过硬，"古树酸奶"开业一个月后就远近驰名，慕名而来的客人不计其数。

不过，王永江并不是全盘接受阿佳家的酸奶，而是在传承传统藏族酸奶口感的基础上，力求创新。他匠心独运，在酸奶里加入西藏地方元素，让传统的酸奶色、香、味俱全。例如，在酸奶里加入蓝色鸡尾酒成为"纳木那酸奶"，蓝白相间就像纳木错的蓝天白云，除了酸奶的味道还能品尝到淡淡的鸡尾酒的清甜；在酸奶里加入自制的桂花酱就成了"桂花酸奶"，晶莹剔透，仿佛唇齿间开出了一朵桂花。

把牦牛酸奶做到如此极致，你一定认为店主是西藏人吧？但其实店主王永江是浙江人。他从浙江来到西藏后举目无亲，迷茫而不知所措。几经波折，他开了自己的第一家店——"迷藏餐吧"。"迷藏"的意思就是因为迷失方向才来到西藏，又因为迷恋这里，才留在了西藏。但这个店却在开业半年后就被迫转让了出去，没能陪王永江太长时间。然而命运的转折也在这里，他

的女朋友，那个曾为了躲避王永江而独自奔赴西藏的女孩，在时隔两年后主动联系找到了他，二人重归于好。为了女朋友，为了稳定的生活，两人在2012年5月一起开了"古树酸奶"。

在王永江的记忆中，当时的八廓街非常繁华。从白天到晚上，摆摊的人络绎不绝，随处可见各式各样的民族手工艺品。当时，"古树酸奶"的房租是一个月2500元，属于八廓街里最便宜的铺面。如今的"古树酸奶"，在王永江二人的用心经营下，生意红火。西藏也成了王永江的第二个故乡，他还有了自己的藏族名字"桑旦益西"，比起汉族名字，他更喜欢人们叫他桑旦益西。在西藏，他感觉到了稳定和心安。店前的"百年古柳"，枝繁叶茂，树冠就像一顶超级大伞，静静地站在那里看着八廓街上人来人往。门口树边常有老人歇脚，多少挡住了通往店面的视线，倒也因此带来了一种清幽的感觉。在古树下品尝牦牛酸奶，享受这高原上的惬意时光，岂不美哉？

● 夜逛朗玛厅，体验八廓夜生活 ●

八廓街的夜晚总是来得很迟，如果你想要体验八廓街的夜生活，一定要去朗玛厅。"朗玛"的藏语意思为"宫廷音乐"，最初只在西藏贵族中流行，想要欣赏这种歌舞表演艺术，朗玛厅绝对是个好去处。朗玛厅兴起于20世纪90年代末，刚开始店里只卖酒水，上演的是"朗玛"和"锅庄"，为人们提供了一个雅俗共赏的娱乐场所。结果这种形式大受欢迎，很快在西藏传播开来。渐渐地，朗玛厅成了西藏休闲娱乐场所的代名词。近几年来，演出节目的丰富和娱乐项目的增多，为西藏的本土歌手提供了一个大的表演舞台，也让外地的旅客能够更好地体验当地的民族风情。

拉萨的朗玛厅各有所长，传统与现代的巧妙结合，让每个朗玛厅都有自己的特色。拉萨最大的一家朗玛厅，叫"尼威朗玛厅"，可以容纳几百人，从下午就开始营业。每天下班之后，很多人都会约上好友在这里聚会，拉萨的夜生活由此正式开始。

一进朗玛厅，首先映入眼帘的是典型的藏式风格装饰，浓郁的民族特色给朗玛厅增添了强烈的神秘色彩。此外，背景设置和舞台效果也让人惊艳，浑然天成的装饰，能让人很快就融入表演营造出的世界中。有些朗玛厅还有可以上下收缩的升降台和炫丽的灯光设置，让独特的民族音乐厅又添加了一些现代风格。

朗玛厅演出的节目几乎没有相同的，虽然它们只是一个提供大众消费的生活场所，但它们所提供的表演节目真的是美轮美奂。朗玛厅以大厅表演为主，舞台设施一般配有音响、灯光等，演员大多是区内著名的民族艺人，表演形式主要是西藏民族歌舞、旧时宫廷乐弹唱、印度歌舞表演，观众在多才多艺、风趣幽默的主持人的调动下，开心地上台互动，场面十分活跃。在这里，你不仅能欣赏到西藏传统歌舞，还能领略到藏族人民的热情好客。

在"尼威朗玛厅"，开场舞都是寓意吉祥的传统八大藏戏。藏戏，不仅仅是国家级非物质文化遗产，也是藏族人民逢年过节时一定要演出的节目。例如，在罗布林卡和宗角禄康公园，每年雪顿节期间都会有藏戏演出。藏戏的藏语名叫"阿吉拉姆"，就是"仙女姐妹"的意思。藏戏起源于公元8世纪藏族的宗教艺术，最早是由七姐妹演出，内容大多是佛经中的神话故事。17世纪时，藏戏逐渐形成以唱为主，诵、舞、表、白和技等相结合的表演形式，并从寺院宗教仪式中分离出来。

藏戏种类繁多，分为白面具戏和蓝面具戏等，其中蓝面具藏戏是主流。蓝面具藏戏的演出一般分为三个部分："顿"是第一部分，主要是开场表演祭神歌舞；"雄"是第二部分，为主要表演正戏传奇；"扎西"是第三部分，为祝福迎祥。表演藏戏时，演员都不化妆，只戴面具表演，服装从头到尾只有一套。在流传过程中，蓝面具戏因地域不同而又分为觉木隆藏戏、迥巴藏戏、香巴藏戏和江嘎尔藏戏这四大流派。藏戏的唱腔高亢雄浑，基本上都是根据每个人的特点来确定曲目，每句唱腔都有人声帮和。藏戏的寓意是吉祥，所以朗玛厅的每场演出都是以藏戏开始。但因为藏戏曲目繁多，所以几乎每场演出都不相同。

只要你去过朗玛厅，你一定会认同下面的这句话：只有到了这里才能感受到真正的西藏风情。作为藏族的歌厅，在朗玛厅可以一家人团聚，也可以和朋友畅谈。以前，作为宫廷乐舞的"朗玛"，只供达官贵人和高级僧侣观赏，普通平民很难有机会看见。现在的"朗玛"，已经成为一门独立的藏族艺术表现形式，它的曲式结构完整，旋律舒缓圆畅；舞蹈节奏欢快喜悦，气氛热

烈激动，深受本地市民和游客的喜爱。朗玛厅的节目除了民族歌舞、传统藏戏，还有各种小品演出等。

　　朗玛厅中供应国内外的各类酒水，但最吸引人的还是用世界上最纯净的水酿制的西藏本地各类酒水饮料。在酒精的作用下，随着时间的推移，气氛也越发热烈。在客人参与的环节中，有欢快的锅庄、恰恰、迪斯科，等等，大家载歌载舞，热闹异常。无论是朝气蓬勃的年轻人，还是身心疲惫的职场人，又或者是喜爱民族歌舞的老者，都能在这里找到心灵的慰藉。三三两两的人，结伴走进朗玛厅，在这个欢愉而又充满民族风韵的地方，放松身心，纵情在八廓街的夜生活中。

第六章
八廓风物，把高原风情带回家

虽然西藏物产并不丰富，但琳琅满目的商品还是从四面八方源源不断地涌来，八廓街的店铺里从手工艺品到生活用品，各式各样的商品一应俱全，整条街从早到晚喧嚣不止。传统的唐卡、藏戏、藏医藏药等众多藏传文化瑰宝，也都逐渐从传统走向现代，焕发出新的光彩。

● 八廓街购物经 ●

虽然西藏物产并不丰富，但当你徜徉在八廓街上，依然会被琳琅满目的商品吸引，很难不驻足于这条街道两侧满满当当的商铺摊点之前。八廓街的店铺里，从手工艺品到生活用品，一应俱全，让整条街从早到晚人声鼎沸。八廓街的商人们来自各个地区，商品自然也是从各地辗转运输来的，有从国内其他地方运来的，也有从印度、尼泊尔运来的，更有西藏各地的土特产。从化妆品到日用品，从古董到电子表，从牛肉到蔬菜，各种商品应有尽有；从以物易物到以钱购物，从打手势到交谈，从讲藏语、汉语到外语，各种买卖和交换方式层出不穷。各地各国的商人和游客们，都在这里寻找着互通有无的捷径。

在八廓街上，你随处都能看到卡垫、氆氇、地毯、围裙、藏靴、藏帽、木雕茶桌、银包木碗、银腰刀、银雕茶盖、茶桌、绣花帐篷、酥油壶、酥油碗、酥油桶、马饰、鼻烟壶等民族手工业产品，还有经书、唐卡、佛像、佛龛等宗教用品。当然，街上的旧货古董也十分惹人注意，让人过目难忘。那些旧货摊上的饰物、工艺品，形状构思是如此巧妙，工艺是如此精细，内涵深刻，堪称一绝。

清末时期，八廓街初露商业的头角；西藏和平解放以后，它开始走向成

熟和繁荣。早在清末，在八廓街上经商的商人就有云南帮、北京帮、川帮、青帮等。其中，云南商人阵容强大、历史悠久。从清嘉庆年间起，云南滇西北一代，就有了专门前往西藏做生意的"藏客"。他们不辞辛劳在云贵、青藏两大高原之间往来，年复一年地将云南产的茶叶运到西藏，又将西藏的山货皮毛运往云南，在西藏和云南之间走出了一条茶马古道。抗日战争中后期，这条茶马古道成为中国唯一通向盟国的陆路通道。在这条路上经营的云南大小商户有上千家，其中著名的有杨家的"永聚兴"、李家的"永兴号"、牛家的"裕春和"、赖家的"仁和昌"、张家的"恒盛公"、马家的"铸记"，等等，兴盛之极。据说，他们与西藏上层贵族和商人往来密切，在拉萨信誉良好，并资助了清朝驻藏大臣，同时对各大寺庙进行数额庞大的布施，闻名一时。

云南商号在拉萨有40多家分号，它们大多集中在八廓街吉日巷一带。19世纪中后期，八廓街曾建有"云南会馆"，藏语称之为"云南拉康"。直到今天，会馆里的关帝像和云南纳西族的"三朵神"像，依然矗立在八廓街上。只是，重新修缮过的"云南拉康"，尽管房门洞开，但已经没有了往日浓烈的商业氛围，而是百姓居住其中，屋内充斥着市井生活的烟火气。据说，许多云南商人都能说流利的藏语，不少人在拉萨又安了一个家，娶妻生子，而他们原配的妻子以及儿女财产等还在老家云南。于是，许多悲欢离合的故事就这样发生了。如今，已经很少有人能够记得当年的故事。现在八廓街内，也有几家云南商人开的店铺，但东一家西一家并不集中。

北京人在拉萨经商的历史可以追溯到很远。最初只是长途货运，川流不息；有规模地建立商号是在20世纪30年代，有规模的商号在八廓街建的商店有三四十家，其中"文法隆""裕盛永""德茂永""兴盛合""广益兴"等最为有名。

在八廓街上，你总能看见那些扎红缨英雄发的康巴汉子，英雄发鲜红的颜色像鸡冠一样张扬着豪气。这些充满个性的康巴汉子，大模大样地站在街心做生意，会时不时挡住你的去路。他们和客人在长袖筒里摸着手指讲价格，爽朗的笑声、看不见的袖筒，让交易变得神秘。谁也不清楚，他们到底以什么价格达成了交易。

在西藏这片神奇的土地上，八廓街由古至今的发展与繁荣是发展的缩影，也是时代的见证。来拉萨旅行的游客们，到这里购物是一个不错的选择。无论是神圣的宗教面具、装糖果的小盒子，还是手工制成的皮具，采买一些特色物品回去，可以让这条古街的风韵永远留在身边，让西藏之行回味无穷。有一天，当你把玩这些小东西的时候，八廓街的气息会再一次出现在你的记忆中。

● 多彩"饰"界，过一把高原风 ●

八廓街店铺如云，琳琅满目的商品让人目不暇接，游客和商家之间的讨价还价声不绝于耳，空气中弥漫着市井的热闹与喧哗。在众多店铺中，售卖各类传统首饰和藏族服饰的店铺格外引人注目。那些藏式风情浓郁的首饰和藏服，总能让过路人不禁驻足欣赏。

在八廓北街有一家普通的商店，名为"益西商店"。从大昭寺门口按顺时针前进，你就能找到它。小老板格玛是个康巴小伙，来自昌都。这家商店货品多、品种齐，小到一颗珊瑚珠，大到数十厘米长的法螺，以及风格独特的各式民族服装，你都能在这里找到。"益西商店"的商品价格公道，除了深受游客喜爱，许多藏族人也会来这里买东西，甚至还有僧人来这里买红绳。

在大昭寺广场的南面，有一家店名为"嘎玛·王潇原创饰品店"。店主是一位帅气的小伙，叫张沛，他总是专注地坐在工作台前，全神贯注地摆弄着各式各样的珠子和配饰。他和表哥王潇一起经营这家精致的小店已经一年多了，很受游客的欢迎。哥俩儿分工明确，表哥王潇主要负责外出收购各种老珠子，张沛则负责饰品的设计。这份工作可没想象中那么轻松，没有灵感的时候，简直能让痛苦死，甚至比失恋还难受。

在"嘎玛·王潇原创饰品店"里，所有饰品都是他们自己设计编制的，店内展示的各种精美藏式饰品，每一个都是独一无二的。这家小店的经营理念就是："在离天堂最近的地方，量身打造属于您的私人饰品。"这里既有代代相传的珍贵老饰品，也有透着民族风的创新饰品，藏式饰品都拥有独特的个性。这里的百余种原创饰品中，价位从百元到数万元不等，能够满足各个阶层顾客的要求。

在八廓街上，身着各式藏装的人们在街头巷尾穿梭，仿佛在上演着一场场赏心悦目的藏装秀。坐在室外甜茶馆或八廓街那一条条长椅上，惬意地看着来来往往的人群，欣赏着那些身着传统藏装或改良藏装的人们，简直就是一场视觉的盛宴。穿上藏装的男人会更加彪悍威武，穿上藏装的女人会更加婀娜端庄。藏族服饰优雅又兼具华丽的民族风，具有很高的艺术造诣，在我国民族服饰发展史上有极其重要的地位。随着时代的进步，社会的发展，藏族服饰设计也在不断发展中。如今，流行的藏族服饰既有古老文化的痕迹，也有时尚的影子。

每到换季时节，八廓街上的藏装店就会上架许多新款服装。为了挑选一款适合自己的藏装，很多顾客都在试穿新款。店员们忙着给客人测量三围、取藏装、介绍款式，忙忙碌碌又井然有序。游客大多喜欢那些花色众多、颜色亮丽、款式偏向华丽的使用绸缎料制作的传统藏装，而本地市民则喜欢素一点的藏装。

老板旺姆深知消费者的喜好，有着20多年开藏装店经验的他，对游客和本地市民的喜好摸得很清楚。在他的店里，40岁至50岁的本地居民常常选择袖款深色和单色的"特玛"料子藏装，然后配上自己喜欢的内衬，而年轻人则喜欢带有时尚色彩的中袖款式。虽然各地服饰有着不同的文化特色，但藏装在色彩的选择很一致，这就是藏地八色：白、黑、红、黄、蓝、绿、金和银。

定做一套藏装，最长需要一个星期，最短也需要两天。旺姆会建议游客，在时间充足的情况下根据自己的喜好，选料子、款式，定做一套专属藏装。当然，除了售卖，旺姆店内的藏装还可以出租，承租人大多是游客和学生。游客租藏装主要是用于拍写真，而学生更多是为了参加校园活动。

时代在突飞猛进，藏装也在迎接新的生命力。2012年伊始，在拉萨八廓街的古老大院里，根确扎西和他的团队将西藏传统元素与现代时尚设计相融合，大胆创新传统藏装，打造出新式藏装。为此，根确扎西创立了自己藏装品牌，还举办了时装发布会，他在拉萨的创业征途由此开始。根确扎西团队的设计精髓来源于深厚的藏族文化积淀，融合国内外时尚元素，让藏装展现出时代与传统的完美结合。虽然发展之路并不平坦，但团队始终相信，终有一天，一个时尚的藏装品牌会诞生。

相对传统的藏装，根确扎西的藏装更贴近生活。以前的藏装，肥腰、长袖、大襟是典型结构，牧区的皮袍、夹袍，官吏、贵族的锦袍更是沉重。即便是拉萨、山南、日喀则等地区的短衣"对通"，工布地区的"古秀"，其基本结构也是肥腰、大襟，都有笨重的特点。根确扎西设计的藏装以便捷、轻巧为设计理念，只要他的脑海里出现构图，他就会立刻和他的团队在电脑上进行制板。制板完成后，根确扎西和他的团队需要对衣服细节部分进行处理。藏装的基本特征是肥腰、大襟，这决定了它的一系列附加装束。其中，最必不可少的就是腰带，而腰带上附着饰品让藏装看起来繁盛的同时也显得笨拙：腰带上系着各种样式的"罗松"，即镶有珠宝的腰佩垂在臀部，形成尾饰；男性还会系上各种精美的"止穷"，即类似匕首的装饰，以突显男儿气质。

在传统与新时代时尚的碰撞下，根确扎西汲取了旗袍在腰身上的细节处理方式，将藏装的肥腰收腰。收了腰的袄子不再臃肿，将女性柔美的腰身线条勾勒出来。颜色搭配也不再局限于藏地八色，种类达到数千种；布料上的纹饰增加很多时尚的元素，十几种纹饰能够满足不同人群的需求。如今，根确扎西设计的新式藏装，在当地很受年轻人的青睐，并走向全国乃至国外，远销尼泊尔、印度等地及欧洲部分地区。为了宣传新式藏装，根确扎西还在拉萨、北京等地举办多场时装秀。根确扎西在传承古老工艺的前提下，加入现代时装理念，既弘扬了藏族服饰的传统文化，又让年轻人容易接受。

在八廓街，像根确扎西这样忠于藏装情怀的人还有许多。每天，555、666、777、888、999等精品藏装店都能迎来很多订单。其中，777精品藏装店，是最受拉萨市民喜爱的店铺。刚开始，这只是一家只有十几平方米、几个裁缝坐镇的小店，如今已经发展成为几十平方米、有几十个员工的大店，在夺底乡还建有自己的独立厂房。除了这些以数字命名的比较出名的藏装店，新生代吉祥拉嘎藏装店、罗布藏装店、琼达藏装店、达瓦次仁藏装店等也较为出名，他们在电商时代与时俱进，开辟了网上销售渠道。想买藏装的人，不用到拉萨就能定做藏装，可以先在网上看好样式，跟客服讲好自己的尺寸，7到10天之内，一套私人订制的华丽藏装就会出现在面前。

时代的发展，让人们的眼光更加长远，接受能力变得更强。藏装的布料也在与时俱进，除了原本定做藏装常常使用的绸缎、真丝、氆氇等布料，夏季的拉萨城里，还能看到许多身着雪纺或棉麻布料藏装的人。雪纺或棉麻布料不仅透气、凉爽、不容易褶皱，还不用送到干洗店清洗，机洗或者手洗都非常方便。

经过改良，色彩斑斓、细节精致的藏装展现在了人们面前，不仅仅展现了延续多年的藏式美感，也体现了藏族独特的审美。如今，藏族服饰作为一种文化符号，融合传统的制作和现代的观念，结合多种文化元素，让藏装传承与发展之路越来越宽敞。

●熙攘八廓街里的"藏香"缘●

在西藏，香味的流传有千载的历史，藏香早已融入当地人的生活。有人说："世界之巅在西藏，西藏之源在山南。"作为藏族文化的发源地，山南也是第一根藏香被制作出来的地方。从古至今，大家都认为山南的敏珠林寺的藏香是所有藏香中最纯正的。敏珠林藏香配方独特神秘，是旧时布达拉宫的专用藏香。想要买正宗的敏珠林藏香，可以去"益西商店"斜对面的

"敏珠林寺嘛呢拉康",那里卖的藏香都是直接从山南主寺运来的,自产自销。藏香距今有1300多年的历史了,第一代藏香的发明者就是大名鼎鼎的吞弥·桑布扎。吞弥·桑布扎从印度学习回来后,不仅发明了藏文、翻译了佛经,还研制出了第一代藏香,所以他的故乡吞巴村现在是西藏地区最大的藏香生产基地。藏香文化经过1000多年的发展,逐渐丰富和成熟,藏香文化已经是藏族文化中不可分割的一部分,各种各样的香品,药香、水香、熏香,各式材料各种用处的香具,应有尽有。在西藏,不管是寺庙,还是寻常百姓家,只要有人居住的地方,就一定会有那种芳香馥郁的味道。这种香味夹杂着草原的草香和酥油香,飘荡在空气中,弥漫着每一个角落,刺激着人们的神经。这种味道,就是被称为"西藏三大传统手工产品之一"的藏香的气味。

藏香大多用在佛教祭祀活动中,少量用在家居的除晦辟邪。虽然藏香的制作工艺流程蕴含着藏文化的精髓,但制作工艺发展到现在,不同地方、不同制造厂生产藏香的方法并不相同。不同于其他香品,优质的藏香不会添加任何化学用品,养生价值也会比一般的合成香料高很多。藏香的原材料种类繁多,制作工艺也比较复杂,主料通常是松柏树干,然后加入其他上百种的香料,比如麝香、藏红花、冰片、豆蔻、檀香。主料和配料以适当的比例,经过仔细的调配、细致的研磨和搅拌、精心的熬酿等工序制作而成。复杂的工艺、烦琐的制作流程、精细的勾兑对比、细微的原料选材,这就是藏香不同于其他香的显著特点。经过上千年的发展,藏香的品种数不胜数,不过西藏最出名的要数三大名香:敏珠林藏香、尼木藏香和敏竹梅芭藏香。

藏香的长盛不衰与它具有的各种功效有密切关系,在藏族人民的生活中,藏香不仅是必不可少的生活用品,更是朝佛、辟邪等宗教仪式的必备之品。藏香可以杀灭空气中的致病微生物,能够净化空气,预防病毒的传播。在室内燃烧藏香,能够预防流感、痄腮、手足口病等。藏香芳香弥散,走穿肌理关节,能起到预防关节疼痛,调理肌肤,缓解精神紧张,减轻神经性头痛,提高睡眠质量的作业。在藏医里,藏香还有预防疾病、解毒消肿、止痛散寒等药用功效。藏香的这些功效,已经让藏族人民的生活不能缺少它了。

在西藏,每一家藏香厂都有独门秘方,但成分大多包含藏红花、冰片、红檀香、沉香等名贵药材,两三种配料还需要从尼泊尔和印度进口。现代制作藏香已经不再是纯手工生产,机器代替了部分工序的制作。按照不同比例,

几十种香料经过粉碎、搅拌、熬酿等众多工序,最后制作成凝聚了藏文化精髓的藏香。藏医认为,自然界中生长的任何植物都或多或少具有一定的毒性,如果不加任何炮制,不去毒加工,长期使用一定会对身体有影响。所以,借鉴藏药的去毒方法,在制作藏香的过程中会对每种原料进行细致的炮制加工,以保证藏香长期使用却没有任何毒副作用。

藏香的品质,珍贵之处就在于传承香方的基础上,更要遵循原始香方的工艺,延续人文精神的关怀,将无情之物升华为有情之物。优质的藏香具有很强的空气渗透力,除了净化空气,还能提高人体的免疫能力。藏香点燃之后,大约可以渗透50平方米的空间,能让人身心放松,心情沉静。一般来说,好的藏香外观表面均匀,没有沾染任何其他颜色,拿取的时候不掉香粉,不粘手;点燃后香味清雅耐闻,没有人造香味的痕迹,不刺眼刺鼻,渗透力强、持久。

点燃一炷藏香,好像同一位年迈的智者相对而坐。在缭绕的轻烟中,藏香丰富的内涵,就如同山涧中潺潺不息的溪流,清澈甘甜;又如,喜马拉雅山上的积雪,醇厚而细腻。

● 被误会为"宫廷杀器"的藏红花 ●

到了八廓街,琳琅满目的商品中一定少不了藏红花的身影。很多游客来到西藏后,都会想方设法带一些纯正的藏红花回去,或者自用,或者送人。

藏红花,在藏族人民的生活中扮演着不可或缺的角色。藏红花已经融入西藏社会生活的方方面面,藏药、藏香、建筑、唐卡艺术、藏传佛教等方面都能见到它的身影。

随便走进八廓街上的店面中,你都能发现不同价格的藏红花,价格不一,有高有低。当然,一般价格高的藏红花,品相更好。不过,想要寻到真的藏红花,还是需要你具备一定的眼力。

在宫廷剧和民间传说中,藏红花总被形容成杀器,可以导致女子滑胎不孕。不过,这类传说并没有确凿的证据。藏红花被大众熟知,更多的是作为一种名贵的中药材。作为养生佳品,藏红花的药用价值无可否认,那些"杀器"传言自然也无法阻止人们对藏红花的热情追捧。

　　西汉时期，张骞在出使西域时引入藏红花。如今，藏红花的应用历史已经有2000多年了，在元代前就已经被当成一种药品，这比欧洲要早300年。在历史上，历代西藏统治者向中央王朝进贡的贡品中，一定会有藏红花。因为只有西藏的藏红花才能得到认可，可偏偏野生的藏红花又很少，所以公元6世纪，藏红花开始在西藏种植，直到今天，藏红花在西藏一直都有种植。西藏特殊的地理环境，海拔高、温差大、日照强，使得藏红花比伊朗和国内其他地区产的藏红花，药效更高、品质更优。

　　12世纪的藏医玉妥·云登贡布编著的《四部医典》中收载的1002种药物中就有藏红花，它还是著名藏药"仁青芒觉"的主要成分之一。除了药用，藏红花也是重要的植物染料和香料，在制作唐卡和佛像以及布达拉宫、大昭寺等重要古建筑的墙壁粉刷工艺中都需要藏红花。在藏传佛教中，藏红花代表的是寿康无病和六根妙触的缘起，用于装藏的佛像、宝瓶、宝塔等以及灌顶的甘露水中；佛门弟子法衣的正式颜色就是藏红花的颜色；以藏红花为原料之一的藏香，在宗教祭祀中是重要的供品。

　　在藏族同胞的日常生活中，藏红花可以用来制作月饼、炖汤、蒸鸡蛋、煲粥等，也可以用于制作藏红花茶、藏红花面膜、藏红花含片等养身保健产品。我国元朝的重要食疗巨著《饮膳正要》和明朝的《本草品汇精要》中都有记载："藏红花蕊主心忧郁积，气闷不散，开胃进食，久服滋下元，悦颜

色，令人心喜。"藏红花具有活血化瘀的作用，医药书籍《回回药方》中记载，藏红花的治疗范围较广，有调经、活血、止痛，治疗肝肿硬、中风瘫痪、久咳、虚弱、消炎、消肿等作用。现代药理学也通过研究证明，藏红花可以治疗和预防肝炎、肝硬化、肾病、冠心病、心绞痛、心脑血管疾病、肿瘤，具有调节内分泌、抗缺氧、提高免疫力等作用。

藏红花对于冠心病、心绞痛以及血栓闭塞性脉管炎等疾病有较好的疗效。据调查，西班牙心脏病患者之所以大大低于其他国家，正是因为该国民众有食用藏红花的传统。藏红花芳香淡雅，颜色亮丽，能提高人的食欲。如果在食品加入藏红花，能让成品色、香、味俱增，长期食用还能改善肠胃消化不良。在欧洲等国家，家家户户也有食用藏红花的习惯，据说这个习惯是欧洲女性保持健康美丽的重要原因之一。

藏红花还具有养血活血的作用，它的美容功能就是用自己的养血活血功能。现代医学认为，女性调节内分泌最主要的途径是补血养血。常饮藏红花茶能够最大限度地发挥它的养血活血、增加血氧供给的功效，改善血液微循环，让每一个细胞拥有充足的血氧、水分和营养，外在的表现自然是增加肌肤弹性、尽显细腻光泽。因此，不少女性认为，美容最好、最简单的方法之一就是通过饮用藏红花茶改善体内机能，调节内分泌，达到美容的效果。

将藏红花掺入面粉，制成食品，不仅颜色好看，而且美味可口。在西班牙等国，藏红花被誉为"佐料皇后""厨房瑰宝"。现今，很多欧美人士依然喜欢用藏红花做米子粉和菜肴的调味品。烧煮大米或糯米粥时，放几根藏红花，不仅色泽嫩黄，粥味清香，让人食欲大增，还能帮助消化，提神醒脑。

伊朗人认为，用藏红花泡出来的茶的颜色是"帝王之色"，而阿拉伯人则把藏红花茶的味道誉为"来自天堂的味道"；西班牙人称藏红花为"红色金子"，而藏族女性则认为藏红花是"让女人美丽的花"。

● 书写在"狼毒草"上的藏文明 ●

纸，曾经为历史上的文化传播立下卓越功勋，而西藏的历史是记载在藏纸上的。千年来，藏纸默默记录、恪尽职守地传播着西藏的历史，也在见证西藏的文明进程。布达拉宫、大昭寺等宗教圣地收藏的经书，它们之所以能够历经千年风雨而保存完好，就是因为西藏独有的藏纸。

在八廓街，有一间名为"Here 这里"的小店。老板是一对夫妻，在八廓街经营这家旅游工艺纪念品店已经整整十年了。

在这个店里，琳琅满目的商品中，最惹人注意的就是各种藏纸做成的工艺品，例如卷纸、笔记本、日历等。橘黄色的灯火下，这些用藏纸做成的工艺品显得古朴而质雅。

店主阿不说："在八廓街卖藏纸的店非常少。藏纸进价高，我们又是低价卖出，靠卖藏纸根本赚不了多少钱，还不够付店铺租金呢。我们卖藏纸其实不是为了赚钱，就是喜欢藏纸，想把它分享给其他人，让更多人体会到藏纸的优点。"

阿不说，前来的旅游的学生很喜欢他家的笔记本，有些喜爱绘画、书法的顾客会通过他订购藏纸。

藏纸为西藏所特有，产生于公元 7 世纪中叶。文成公主入藏时虽然带来了造纸术，但中原造纸所必需的竹、稻、渔网等原材料，西藏没有。不过，原料的缺乏并不会阻止藏汉两族的工匠们前进的道路。经过多年摸索，他们将树皮纤维及狼毒草根部纤维用石灰和土碱处理后，终于制成了工艺独特的藏纸。藏纸的主要原料狼毒草，藏语叫"日加"，是一种有毒的野草。狼毒草花色鲜艳，主要出现在草原或草场上，只是它的出现意味着草场的退化，因为狼毒草本身具有毒性，鸟虫兽等都不敢吃，这也是藏纸久经岁月依然完好的原因。藏纸拥有不怕虫蛀鼠咬、不腐烂、不变色、质地坚韧、不易撕破、耐折叠、耐磨等特点，故被大量用于宗教典籍、政府官文的书写和印刷。布达拉宫、大昭寺、萨迦寺等处收藏的各类经典也大都是使用藏纸书写，直到20 世纪 50 年代，藏纸还在西藏广泛使用。

以前，藏纸生产遍布西藏，主要有拉萨、阿里、达布、日喀则的错那、贡布、康区、金东等地。其中，金东地区和达布地区生产的藏纸质量最好，质地薄、耐拉，一面为光滑面，抗折。旧时达赖喇嘛使用的全部纸张以及向达赖喇嘛呈察、赏单等都使用金东地区产的藏纸，而摄政和噶伦使用达布地区产的藏纸。

藏纸生产流程大都因陋就简，由专业工匠指导的手工作坊，效率低，产

量少。古代藏纸的制作工序虽然简陋却不简单，共有十一道工序。第一道，采剥树皮；第二道，晒干；第三道，磨平，用小刀把粗皮剥平；第四道，水煮；第五道，放在石头上用木槌敲打到泛白为止；第六道，再次水煮；第七道，加淀粉催熟；第八道，用纱布过滤使之平整；第九道，整平后晒干；第十道，对纸张打磨，处理纸张的薄厚、柔软度和光泽度；第十一道，用加了小麦粉的水煮纸张蒸干。

贡确丹增先生的《工巧器发尖水珠》中记述：纸张用白螺捣揉会变得柔软泛蓝；用石头易捣揉但易烧坏；用青白玛瑙捣揉会出现花纹；用铜铁捣揉会产生锈斑；最佳捣揉器为黄天珠，用此捣揉器纸张色优且柔软。但黄天珠很难寻到，不过可以用角和瓷碗，或者用良驹头颅和玛瑙等珍贵物品替代，此材料优于柔滑坚硬的石头。可见，藏族先辈们为了能够制造出更好的纸张，在藏纸的制作工艺上进行了大量的探索和研究。

过去，藏纸主要用于制作经书卷册、政府文札、档案卷宗和日常书写、印制经典古籍等。后来因为机制纸张的大量输入，藏纸又不适合现代书写工具及印刷技术的要求，藏纸制造业才日趋衰落。如今，藏纸又迎来了新的商机，旅游业的快速发展让以藏纸为原料的皮纸绘画、雨伞、太阳帽、礼品包装袋等工艺品热销西藏各个旅游景点，让游客爱不释手。

今天，藏纸的新机遇也让它的制作工艺得到很好的传承。藏纸的制作者格桑旦增出生在著名的雪拉藏纸产地尼木塔荣镇雪拉村，他的父亲次仁多杰是国家级非物质文化传承人。2009年，次仁多杰被文化部授予国家级非物质文化遗产代表性传承人称号，并得到了一定的资金补助。格桑旦增说，藏纸制作工艺是爷爷传给爸爸，爸爸又传给他的，他还要传给自己的儿子，一定要藏纸工艺传承下去。作为家族藏纸工艺的继承人，格桑旦增身上的责任感特别强烈。

"Here 这里"小店的店主阿不对藏纸制作行业也非常了解，他说："尼木县、墨竹工卡县的合作社，拉萨市彩泉福利民族手工业有限公司我都去过。我还看过他们手工制作藏纸的过程，特别耗时耗力，藏纸的制作工业传承下来真是太不容易了。所以我们卖藏纸也不图赚多少钱，只是希望能把这种优秀的手工技艺和极具价值的产品宣传出去。"

正因为有像格桑旦增、阿不这样无私继承和宣传藏纸的藏族同胞，藏纸才能获得新生。不仅仅是藏纸，在党和国家以及社会各界的关注和保护下，唐卡、藏戏、藏医藏药等众多藏传文化瑰宝，也都逐渐从传统走向现代，焕发出新的光彩，成为雪域高原孕育出的神奇而独特文明的见证。

● 藏刀：个头小来头不小 ●

1959年秋天，在拉萨八廓街头，一位藏族老阿妈手摇转经筒，穿着一件旧藏袍，虔诚的神情告诉人们她是从远方来的朝觐者。

突然，一脸疲惫的她走向一位正在八廓街上闲逛的小战士，她用手语告诉他，希望他能买下她手中的藏刀。大概是真的山穷水尽了，老阿妈虽然达成心愿到了拉萨，却也早已身无分文，无法返回故乡。于是，变卖藏刀成了她唯一的选择。

小战士看出了阿妈的困难，毫不犹豫地掏出了多于藏刀三倍的钱，买下了这把小巧的藏刀。站在远处，一直盯着这场交易的是小战士的排长，他的神情怪怪的。

等回到兵站，排长突然对小战士说："你买的这把藏刀有故事，你知道吗？"小战士茫然地摇摇头。

"这把藏刀是我从商摊上买的，后来那位阿妈要了去。"排长肯定地说，"她来到拉萨后，一分钱都没有，乞求我送她藏刀，我没有理由拒绝。"

小战士把藏刀递给排长，排长不接，说："你留着吧！二十年三十年后，你把发生在八廓街的这个故事讲给后来人听，这是贫困藏民觉醒前的故事。如果他们不信，我来做证。"

如今，老阿妈那一代人早走了，而八廓街上充斥着各种各样的藏刀的身影，很多游客到了西藏都忍不住买一把藏刀作为纪念。

千百年来，作为西藏三大传统手工产品之一，藏刀已经成为藏族最不可或缺的文化符号，不仅仅深受藏族同胞的喜爱，也深受游客们的青睐。

2000多年前，藏族就有佩带藏刀的习俗。那时的青藏高原，一些林区部落就已经掌握了铜、铁、银的冶炼技术，并开始锻打腰刀，也开始制作各种兵器。只是，冶炼受很多因素的影响，青藏高原气压较低，冶炼的温度提升不起来，制作的兵器的锋利度和硬度自然很难如人意。再加上青藏高原缺少煤炭，只有木柴是最好的升温材料，所以在吐蕃政权之前，西藏的金属冶炼不太发达。

西藏的冶炼技术在吐蕃政权后有了一个较大的提高，各地的藏刀制作技艺也开始发展，各具特色的藏刀制造工艺纷纷涌现，其中许多还是老人，几乎人人都佩带藏刀。可以说，刀是藏族人最为忠实的"情人"，也是西藏非物质文化遗产中最灿烂的一页。

藏刀离开草原，就收起了锋利的刀刃，成为人们欣赏把玩的艺术品。但是在藏族传统中，藏刀不仅是不可缺少的一种生活用具，更享有很高的声誉。由于它的形状、工艺的独特，许多人在描述藏族特征时，总把人与刀联系在一起。藏刀按照长度不同分为长刀、短刀和小刀三种，从1米多到10多厘米不等；从形状上讲，按照很强的地方特色分为牧区式、康巴式、后藏式等；按照用途分为生产、生活、自卫、装饰4种用途，如有专门砍树的砍树刀、屠夫用的屠宰刀等。

藏刀的正式名字叫"折刀"，是为了纪念英雄折勒干布。传说，当年西藏草原上的牧民大都拥有藏刀，但牧主和头人却威逼牧民交出藏刀，只为保持自己的权位。牧民们自然不愿意，于是有很多人被抓走。英雄折勒干布听到这个消息,为了搭救自己的同胞,跃马提刀杀向牧主和头人。最终,因寡不敌众,折勒干布流尽最后一滴血,牺牲了。为了纪念他,牧民们将藏刀改名为"折勒干布刀",简称"折刀"。

在西藏,藏刀的生产历史上千年,做工讲究,刀身用钢材锻造,刀柄用牛角或硬质木料加工而成。藏刀的制作要经过千百次的打制,这项浩大的工作需要足够的耐心。拉孜藏刀是后藏地区藏刀的杰出代表。拉孜,位于日喀则西南部,海拔高,矿藏多,这里的匠人打制藏刀注重刀刃的钢火,讲究刀的实用性,从鞘到柄几乎全用金属,大多都是银和铁,刀的鞘、把一般不镶珠宝,有时也会在上面雕刻一些吉祥图案。拉孜藏刀锻造技艺特殊,享有"锋利"的美名。

拉孜虽然不能说是全民铸刀,但它确是一个刀县。几乎每个乡镇都有铸刀人,拉孜9乡2镇105村,共有刀户88户,刀的种类也很多。在拉孜众多的铸刀户中,"孜龙藏刀"在刀剑界显赫半个世纪。它是藏刀九大派系中的一个分支,刀质良好,工艺考究,具有打火、磨刀、耐用、强磁性等11种特点。

距离拉孜千里之远的林芝,闻名遐迩的是易贡藏刀。易贡地处林芝的高山密林中,那里的人们经常需要伐薪狩猎。因此,他们使用的刀具以宽、长为多。刀鞘多为木质,用野兽皮包裹,一般是野兽腿骨上的皮,甚至有些还带有爪子。易贡藏刀除了能帮助人捕猎格斗,还能帮助人们在密林中披荆斩棘。易贡藏刀最大的特点就是刀长、刀细、轻便、锋利无比,而且从来不会生锈、波纹永在。传说,除了波密易贡,其他地区都无法打炼这种刀,因为易贡打刀的铁是用三个地方的铁矿石融合冶炼而成组,即"易贡妞日铁""帕根森布铁""工布扎松铁",其他的铁根本无法打炼。易贡藏刀又被称为"彩虹刀",因为拔出后可以看到刀面有三道彩虹。易贡藏刀以前是专供波密上层人士使用的,在旧社会人们把是否拥有易贡藏刀作为是否拥有财富的一种象征。即便是到了现在,波密和其他地区的群众以及游客依然以得到一把易贡藏刀自豪。

骑骏马,草原驰骋,抑或放声高歌、跳起锅庄……在西藏,欢乐的场合一定少不了牛羊肉。自家酿的青稞酒大碗掇起,新鲜牛羊肉大块带骨在锅中煮熟。待到大盆的牛羊肉端到跟前,粗犷的藏族汉子就会取出腰间的藏刀,一手持肉块，一手拿刀朝里面削；削下一块，就往嘴里递一块，很少直接啃食，这用刀的行云流水实在是让人如痴如醉。

随着现代工业文明的发展，国家开始限制携带管制刀具，藏刀在生活中的实用性逐步退却，但藏刀仍然作为特有的装饰品活跃在整个青藏高原。藏刀，从最初的生产生活和自卫需要，到后来的装饰，几乎贯穿了整个藏族的历史。在盛大节日里，佩带长短不一的精美藏刀依然是威武的藏族汉子所钟情的事情。

世人皆知，藏族男人佩刀，却不知女性也有佩刀。男式藏刀一般来说都比较粗犷、锋利，女式藏刀则比较秀气。可以说，藏刀里藏着勇猛刚健，也藏着柔情万丈。2007年拉孜藏刀被列入西藏自治区级第二批非物质文化遗产名录；2008年被列为国家级第二批非物质文化遗产名录。藏刀，这一种刻工细致、刀鞘银饰精美的特殊饰品，是藏族男女老少盛大节日里装扮自己的必备之物，也是藏族千百年来的文化瑰宝。

下篇

XIA PIAN

保护传承，迈向未来

历史文脉的传承离不开合理有效的保护，优秀传统的未来离不开开放包容的环境。西藏自治区以及拉萨市委、市政府对于八廓古城的保护与改造十分重视，在多方配合、共同努力之下，今天的八廓古城和睦且繁华，人们恣意享受这里的生活，古城正以开放包容的姿态迎接每一个新的日出日落。

第一章
保护古城，原味改造

一个有魅力的城市应该有自身独特的文化风韵。在多部门的联合治理之下，八廓街上的一切井然有序地运行着。这里的日子像圣地暖阳一般光明而又温暖，平静中蕴藏着生活的温情，恬淡里写满了幸福与闲适。

● 设立管理机构，全面保护古城 ●

八廓古城是随着大昭寺的发展逐渐形成的，距今已有1300多年的历史。在历史的长河中，八廓古城见证了旧西藏地方政权的兴衰更迭，见证了佛教的兴盛与衰落，见证了各族文化的交流与融合，见证了贸易的萧条与繁荣，见证了社会制度的变迁与进步，见证了拉萨这座高原古城千年的演绎与发展。

八廓古城保留了拉萨古城的原有风貌，是古拉萨的缩影。古城的街道都是由手工打磨的石块铺成，街道两侧保留有大量的老式藏房建筑，古城内店铺林立，有120多家手工艺品商店和200多个售货摊点，经商人员1300多人，经营商品8000多种，除了各种手工艺品和藏族佛教用品，还有来自印度、尼泊尔、缅甸、克什米尔等地的商品，各种文化在此汇聚，成为西藏地区重要的民俗文化景观。不仅如此，八廓古城内的著名寺庙和众多文物古建大院里，保存着大量珍贵文物，具有很高的历史、艺术、科研价值，值得人类永久保护。

为切实有效保护管理八廓古城，西藏自治区、拉萨市党委、政府从服务群众、保护世界文化遗产和维护社会稳定出发，将八廓古城定位为居民生活地、信教群众朝佛地、高端旅游地。2012年7月3日，西藏自治区党委常委会议研究决定，成立拉萨市八廓古城管理委员会，并于7月23日正式挂牌。

管委会下设多个管理部门，有社会治安综合治理办公室、流动人口服务和管理科、文化旅游管理科、八廓古城公安局、八廓古城管委会市政市容和规划管理局等部门，各部门共同担负着保护管理古城的重任。

在成立八廓古城管理委员会后，西藏自治区、拉萨市两级党委、人大、政府，站在维护稳定、保护古城的高度，又及时制定颁布了《拉萨市老城区保护条例》地方性法规，出台了《拉萨市老城区市政市容维护管理实施意见》等规范性文件。法规规章的制定，为更好保护管理拉萨古城提供了有力的法律依据，为管理和保护民族文化提供了有力的法律保障。

近年来，在拉萨市委、市政府的高度重视下，在保护古城的相关政策法规的支持下，政府专门设立了老城区保护专项经费。专项经费主要用于古城的日常养护，以突发抢修为辅。古城内各社区居委会通过网格化管理平台和环卫工人，定期检查老城区内路灯、石板路面、下水道等基础设施，并将破损情况及时向管委会反映。老城区内只要出现一盏灯不亮、石板路面有凹凸不平或破损情况，管委会都会及时派出工作人员进行更换、维修。

在老城区，管委会工作人员的身影随处可见，无论是节假日，还是雨雪天，他们都一直坚守着岗位。"不要把东西挂在店外，这样影响市容市貌""你们店的招牌不符合老城区特色，需要重新更改"，管委会工作人员的声音随处可闻。管委会立足岗位，充分发挥自身职能，一方面在大昭寺广场、拉萨市电影院、藏医院、鲁固路段、琅赛商场等处增设卡点，增强管理和服务的力度；另一方面加大了在老城区3个办事处及15个社区居委会区域的执法力度，常年安排执法人员开展不间断的巡逻，积极协助3个办事处开展市容整治工作。

管委会自成立之日起就全力以赴开展城市管理各项工作，取得了优异成绩，古城保护管理工作成效斐然，通过一系列的综合整治，老城区的治安日趋好转，城市环境日益美化，人与自然更加和谐。

● 改善民生，改造市政基础措施 ●

八廓古城建筑历史久远，宗教和商贸活动频繁，中华人民共和国成立后，尤其是改革开放以来，现代化的设施和生活方式来到这座古朴的世外桃源，人流、物流急剧增加，市政基础设施严重滞后，特别是给水系统不完善，压力不足，排水管道损坏堵塞严重；供电线路设备超负荷运行，用电线路老化和私拉乱接等问题造成了严重的火灾安全隐患，这些问题严重影响着群众的生产生活，严重威胁着古城居民的生命财产安全和文物保护安全。

为了更好保护历史文化遗产，保护好八廓街历史街区现存的传统风貌，保护好留存的历史信息，2012年年底，拉萨市投资约15亿元，正式启动拉萨老城区改造工程。

老城意味着记忆，改造老城触动着人们的神经，有人认为改造就会失去"原味"。

对此，时任拉萨市委宣传部部长马新明表示，为了维护老城的历史风貌，改造工程将基于传统和历史进行维护，沿用传统门窗和花饰，按照原有历史风貌进行个性化复原，绝不搞成千篇一律的模样。"工程将坚持修旧如旧的原则，保护好文物古建大院、各大宗教建筑和传统民居。"当时的拉萨老城区保护工程项目建设指挥部副指挥长次达说，由于历史变迁、自然侵蚀等，拉萨老城区的文物亟须加固保护。他说，老城区改造工程对文物采取了最严格的保护措施，严格遵循西藏传统历史文化选择材质、色调和风格，尽最大可能保护建筑原貌，能小修的绝不大修，能用原构件的绝不更换新构件，能不迁建的尽量避免移动。

以前的老城区，城市规划混乱，一抬头全是密密麻麻的电线，活像一张巨大的"蜘蛛网"，现在重新规划，所有线路全部入地，"蜘蛛网"消失了，老城区的天空和古建筑完美结合，描绘出了一幅美丽的画卷。未改造前，老城区经常停电，通过电力设施改造，大幅提高了老城区供电能力，供电安全得到了保障，现在几乎看不到老城区停电的通知。往年一到雨季，老城区主干道、小巷路面都是积水，出行极不方便，改造后，老城区给排水系统得到提升完善，再也不用怕雨季出行了。老城区实施改造后，水管、电线、供暖、路面街道甚至垃圾桶都变了模样。

2012年，拉萨老城区改造工程如火如荼地进行着，同时，西藏在全区推行"民生十件实事"，一桩桩、一件件民生实事真真正正把民生需求办到了老百姓的心坎上。西藏在全国率先实现了15年免费教育，率先实现了五保集中供养和孤儿集中收养，率先实现了城乡居民免费健康体检……都是得益于这一政策。

60岁以上老人免费乘坐公交车也是拉萨"民生十件实事"之一。这项惠民举措落实近6年来，已有4万多名老人办理了免费公交乘坐卡，刷卡率达到80%以上，日均刷卡达2万多次。

2015年，西藏与全国同步实施商事制度改革，着力削减工商登记前置审批，并推行"多证合一"等一系列改革措施。老城区的小摊贩们都去工商部门登记成为个体工商户，从此有了属于自己的固定摊位，按照老城区统一规划，既能保护小商户的合法权益，又能统筹划分经营区域，解决脏乱差的城市问题，现在旅游旺季的时候小商户平均每月能有1万元左右的收入，日子过得越来越红火。

热闹的八廓街，人群熙熙攘攘，"写上您的心愿，让我们一起努力"的标语分外清晰。为实现2020年与全国一道全面建成小康社会，确保贫困人口全部如期脱贫，西藏建立完善了专项扶贫、行业扶贫、社会扶贫、金融扶贫、援藏扶贫的"五位一体"的扶贫模式，探索出一条具有西藏特色的扶贫开发路子。八廓街道的贫困户通过这个八廓社区居委会举办的活动，实现了"微心愿"。通过走访贫困家庭，征集"微心愿"，社区为他们送物资、解难事，并将长期开展下去。一枝一叶总关情，一点一滴见初心。2016年，西藏减少贫困人口14.7万，占全区贫困人口总数的24.9%，脱贫攻坚首战告捷。

岁月如歌，抹不去砥砺奋进的永恒记忆；碧空如洗，映不尽繁荣兴旺的高原风华。雪域各族儿女同心同德、开拓奋进，缔造了世界瞩目的"西藏速度"，交出了经济社会各个领域精彩绝伦的"西藏答卷"。

今日的雪域高原，"甜在民心"已成为党心所系，政之所行，"民生至上"的幸福愿景正逐步照进现实。在国家统计局和中央电视台联合举办的"CCTV经济生活大调查"中，拉萨市连续5年被评为中国幸福指数最高的城市。在古韵十足的八廓街里，有着数不清的错综复杂的小巷，每条小巷的大院里，每天都在上演着民族团结一家亲的故事。

● 修旧如旧，保持古建原有风貌 ●

世界上海拔最高的城堡建筑群——布达拉宫，藏传佛教圣地——大昭寺、小昭寺，古商业聚集地——八廓街，这些人们熟知的名胜古迹都在拉萨，这里因存有大量古代藏式建筑和历史古迹，早在1982年，国务院就批准拉萨成为全国首批历史文化名城。但是由于历史变迁、时间久远、自然侵蚀等因素的影响，拉萨老城区的文物亟须加固保护。为了保护古城历史、文化资源，1999年，拉萨市文物管理局正式成立。该局成立后，首先明确了拉萨古城保护区域，划定大昭寺、八廓街为一类保护区，八廓街周边地区为二、三类保护区，林廓路沿线为四类保护区，保护区面积达到1.3平方千米。保护区划定后，文物局重点对八廓街地区进行大量实地调查、摸底，并公布八廓街地区的93处院落为首批拉萨市古建筑保护院，造册挂牌。

一个有魅力的城市应有自身独特的文化风韵，这就要求对古城的保护，要从保护老城区的整体风格着想，文物管理部门挂牌保护了这93处老房子，不仅是只关注这些建筑本身所具有的历史文化内涵，更注重从宏观上通盘考虑拉萨全城区的整体形象和风采。这些受保护的老建筑，最年轻的四五十岁，大多数在百年以上，四五百年至上千年的也不在少数。

对于保护历史文化街区，不同的人有不同的想法和理解。在如何保护古建筑、如何正确处理局部利益和整体利益等方面，专家们展开了激烈的辩论，经过大量的论证和实地调研，最终确定了"修旧如旧，保持古建原有风貌"的保护方针。通过民意调查，绝大多数人发自内心地赞同政府的保护举措，并且能够积极地支持和配合保护工作的开展。

要彻底保护、及时维修拉萨老城区近百处老房子，工作量巨大，投入很多，据初步预算整个项目约需资金3700万元。拉萨市政府、文物管理部门通过申报有关部门，请求国家解决1000万元的专项资金，剩余资金通过地方政府自筹的方式解决。经过努力，资金基本到位，首批资金主要用于危房维修及配套设施，如公厕，给、排水系统等的改造工程。

过去，藏式楼房二层以上才住人，最下一层关牲口或储藏货物，因此，楼房的底层一般通风、光线都较差，室内常年潮湿、阴冷。但现在由于城市人口增长快，许多院落连底层都住满了人，因此老式房屋的设计，明显不适合现代人居住使用。对此，文物管理部门灵活掌握政策，在不改变建筑原貌、外观的前提下，允许加大窗户，增加照明、通风设施等，让其更适宜人居。到目前为止，已完成"拉让宁巴""桑珠颇章""冲赛康"等建筑的修复任务。

　　古城的保护，重点在以大昭寺为中心的八廓街。大昭寺建成已有千余年的历史了，在这漫长的时间里，围绕大昭寺逐渐形成了闻名中外的八廓街。藏族先民在这里留下了许多宝贵的历史文化遗产，古老的藏式建筑在此汇聚，各阶层各用途的古建筑应有尽有，有贵族的府邸、拉章，活佛的私宅、颇章，而更多的则是普通民居。其中不乏声名显赫者，比如达赖喇嘛父母的住宅"桑珠颇章"，再如传说中松赞干布、宗喀巴、仓央嘉措住过的房子"曲杰颇章"，还有五六百年历史的索康、邦达仓、赤江、林仓等老建筑。八廓街卧堆布巷内的一些民宅，甚至已经有上千年的历史，相传是当年松赞干布修建大昭寺时各地能工巧匠的住所。

　　古城保护政策出台之前，很多古迹都年久失修，损坏严重，很多都面临坍塌的危险，比如始建于吐蕃赞普赤热巴巾时期的木如宁巴，它四周几乎都是老房子，有达东夏、果热夏、群巴、容扎，这些房子之前都损坏严重。政策出台后，很多建筑得到了修缮。例如，藏语意为"胡桃木住宅"的"达东夏"，内部进行了大量修复工作，包括结构的维修与加固、铺设新地板、更换破损的窗户和扩大小窗户、建筑彩绘，以及采用传统材料修理屋顶等。

藏式老建筑和采用现代工艺盖的房子有很大的不同，比如藏式建筑是土石木结构，而现在的房子用的是水泥和钢筋。新建的房子虽然用的是钢筋水泥，但在西藏高原、岩石地基的自然状态下，由于整体缺少弹性，用不了多少年房子就会出现损坏。而藏式建筑的房梁多，在主要的房梁之间搭有密密排列的细檩条，因而结构有伸缩弹性，往往土木石结构的老房子反而会屹立几百年不倒。

由于历史上拉萨的排水系统非常落后，包括大昭寺在内的建筑，大多是处于自然或局部有排水系统状态。此次老城区保护工程，就拉萨整体的排水系统进行了全面升级改建，把大昭寺和拉萨的排水系统连接起来，现在的排水渠道足以应对拉萨的大雨。

拉萨老城区保护工程始终坚持修旧如旧的原则，确保这些文物古迹和传统民居在漫长的历史长河中沉淀下来的文化得以保存下来。老城区保护工程对文物建筑采取最严格的保护措施，工程的规划设计得到了西藏和拉萨当地的古建专家、文物保护专家、宗教和民俗专家的指导，施工采用拉萨当地传统工艺、传统材料，在保持原有建筑物风貌的基础上，对出现破损和残缺的传统建筑进行保护性修缮，能小修的绝不大修，能用原构件的绝不更换新构件，能不迁建的尽量避免移动。此外，参照传统建筑风格和色彩，对近年来新建的不协调建筑进行整改，使之与古城内的传统建筑相得益彰，保留"雪域圣城"古色古香的特色。

如今古城传统藏式建筑已经基本修复完毕，白色墙壁愈发透出雪域特有的白，黑边窗户内雕琢的藏式窗花，衬着阳台上摆放的姹紫嫣红的花草，掩映于屋顶经幡的垂影里，绘出了高原特有的美。

● 多部门联合，整治市容市貌 ●

拉萨作为全国著名旅游城市、西藏自治区省会、藏传佛教圣地、青藏高

原上的一颗明珠,她独有的魅力时刻吸引着亿万民众的目光。打造一个美丽、文明、和谐的新拉萨是90多万拉萨人民共同的愿望。早在1999年,拉萨市便启动了创建全国文明城市工作,吹响了创建全国文明城市的号角,经过拉萨民众多年共同的努力,2011年12月,拉萨市成功荣获"全国文明城市"荣誉称号,2015年2月成功蝉联"全国文明城市"荣誉称号,2017年11月成功荣获"全国文明城市"三连冠。

十字街头,行人与车辆各行其道,通行有序;公交站点,乘客文明候车,谦恭礼让;大街小巷,臂戴红袖章的社区志愿者清洁环境卫生……"外化于形,内化于心",创建全国文明城市改变了拉萨市民的生活习惯和行为方式,文明礼让、团结友善、安全有序、互帮互助、平安和谐的文明新风蔚然成风。

全国文明城市的创建难度很大,"含金量"极高,是目前国内城市综合类评比中的最高荣誉,也是最具价值的城市品牌。拉萨能够实现全国文明城市"三连冠"实为不易,这得益于自治区政府的高瞻远瞩,得益于基层干部的辛勤付出,更得益于全体拉萨人民的支持和配合。

八廓街上每天都能看到这样一个身影,他就是八廓街道党委书记边巴,在人们眼中他始终精气神十足,自2004年担任街道办事处党委书记以来,常常在街道里走走便成了边巴坚持的一个习惯。每天,他总能在走走中发现问题和不足,听到群众关心的热点、难点问题,这些都给他开展工作起到了很大的帮助。"党给了我这个岗位,就是给了我这份责任,我就要尽职尽责为百姓服务。"这是边巴书记工作日记首页上的一句话,也是他每天工作的目标。

拉萨创建全国文明城市进入冲刺阶段时,八廓街道办事处进一步加强宣传教育,利用宣传栏、黑板报、横幅、展板等平台,采取多种形式进行创城宣传,使居民群众的知晓率、支持率、参与率提高到100%;继续加大环境卫生整治,在辖区内针对乱贴乱画、乱停乱放、乱扔垃圾、乱倒污水、乱设摊点、违章占道等现象,动员各方力量,集中进行整治,确保城市环境整洁有序。治理初期,八廓街老城区的环境卫生问题异常严峻。原来摆放在八廓街内的垃圾桶每到夏天都会散发出一股怪味儿,垃圾清运不及时,严重影响了周围的旅游环境。虽然环卫工人每天都会进行清扫和保洁,但气味始终没有改变。街道办事处经多方协调,将所有垃圾桶全部取消,使用封闭式垃圾回收车进行定时回收垃圾,并由街道办事处出钱、出力,彻底清扫辖区死角,办事处的同事们用了两天时间,拉了整整50多车,才把辖区的垃圾清理干净,夏天困扰群众多年的怪味才消失。

生活环境改善了,那如何更好地提高群众的生活质量呢?经调研走访,了解群众需求,八廓街道各社区都建立了社区书屋,让社区居民有了阅读的场所,居民们的文化生活过得有滋有味。街道还定期举办公益讲座,比如为普及防火知识,办事处邀请拉萨市公益消防知识咨询中心为社区居民做防火宣讲,工作人员认真仔细地讲述了灭火用具的使用方法,倡导居民应该积极树立消防意识,做到预防为主、防治结合,只有学习了消防知识,才能更好地"防患于未然"。"辖区还有生活困难的群众。""那些家庭困难的家庭还需要什么?""孩子们是否都能享受到应有的教育?"这是基层干部时刻挂在嘴边的问题,以解决居民生活困难为出发点、以提高社区服务功能为落脚点的"输血""造血"帮扶工程在八廓街道应运而生。针对贫困家庭,组织社区党员志愿者服务队和青年志愿者服务队,定期上门服务,对他们进行集中帮扶。扶贫先扶智,为增强困难家庭自身的"造血"功能,街道办事处积极协调相关单位和部门,对有意愿工作的待业群众进行技能培训,举办手工编织、藏式绘画等培训班,并为他们提供就业渠道和公益性岗位。

"欲影正者端其表,欲下廉者先其身。"作为街道办事处的一把手,一名有着30多年党龄的老党员,边巴用这样一句话总结了工作、做人的根本原则。

社区作为最贴近群众的服务窗口,大家都以老书记为榜样,尽职尽责干好自己的本职工作,一心一意为社区内的居民、僧人、外来人员服务。他们每天都要面对各种各样的事情,统计低保户、办理户籍登记、医保登记、登记外来人员、负责辖区卫生和维稳等各项工作任务,社区工作人员没有丝毫的怨言,始终面带微笑迎接到访群众。

像边巴书记这样的榜样还有很多,为了拉萨古城建设默默奉献的基层工作者更是不计其数,正是有他们的默默付出,各部门的通力合作,才使得拉萨古城焕然一新,街上的一切井然有序地运行着。各种规范的标识牌,完善的环卫设施,繁荣喧闹的街巷,一座座古朴的藏式建筑,人们看到的是在历史画卷中蝶变出的一座美丽古城。

第二章
和谐共处，幸福古城

传统与现代并存，保留与创新同在。如今的八廓街一面保存着它浓郁的民族风俗风情，一面又以它博大的胸怀包容着必要的现代化因素，迎接着五湖四海的游客。在高原日光下享受这样的恣意生活，正是所谓的流年无恙，岁月静好。

● 古老八廓迎来新生世界 ●

八廓街，一个传统与现代并存的地方。在那里，浓郁的民族风俗风情四处洋溢，现代化元素也随处可见。从前环绕八廓街的是大的商铺和摆摊的商人。开店铺的大多是尼泊尔人、印度人和少量资本雄厚的大藏商；摆摊的大多是康巴来的小商人，卖一些生活用品、布料、装饰品等；东北方向的"冲赛康"大多是卖农副产品；东南方向的河林坝，是清真寺所在地，戴白帽的回族人在这里做着自己的手工业，比如一些皮毛的初加工、编织地毯。

在未来的规划中，八廓街的定位是"藏文化旅游景观，拉萨商业风格、特色服务体验、窗口示范作用"，整合现有的商业街

区，集中打造功能配套完善、商旅互动的八廓街旅游商业综合街区。

漫步在拉萨街头，走过八廓街，目睹着这繁华和谐的一切，很难想象八廓街今昔面貌的巨大变化。

八廓街作为拉萨的主要大道，也是百姓心目中的圣道。春夏秋冬又是春，无论是严寒还是酷暑，都有一群群来自各地的信徒，五体投地地匍匐在地，虔诚礼敬，给人一种心灵上的震撼。古往今来无论发生多么大的变化，总有些东西会在历史长河中沉淀或者说是传承下来。

就是这样一条八廓街，以前只是一条十分狭窄的土路，没有路灯，没有铺砌，坑坑洼洼，街上更是倒着不少垃圾。一到雨季，雨一下，就四处污水横流，而天一晴，垃圾又散发出难闻的味道，肮脏不堪。

抚今忆昔，1951年5月23日，中央人民政府和西藏地方政府在北京签订《关于和平解放西藏办法的协议》，标志着西藏实现和平解放，但这只是西藏人民新生的第一步。1959年，西藏的民主改革轰轰烈烈地展开，西藏人民在生活上翻开了新的篇章，八廓街也随之发生了巨大的改变。

八廓街上，坚决留下来支持民主改革的贵族，人民政府用赎买的方式收购他们的府邸及沿街的商铺，将八廓街发展成新西藏工商业和手工业改造的前沿阵地。被贵族商人垄断的行业，也收归人民政府，原来贵族的宅邸成为手工业作坊，崭新的卡垫、鞋子、围裙源源不断地从这里生产出来，原来贵族的家奴，不少都在此从事手工业生产。

民主改革不仅整治了环境，还改造了百姓的居住生活环境。人民政府把市政建设作为重点，动员部队和军用卡车上街清扫垃圾，垃圾成车地拉走，修建下水道和公共厕所，只用了三个月时间，八廓街及整个拉萨面貌一新。1960年，又在拉萨河右岸建起了一座新的水电站——纳金水电站，拉萨普通市民首次用上了电灯。至今已有40多年，这座水电站依然在为拉萨城输送电力。

中国人民政府对西藏

扶持与发展是不遗余力的，未来的西藏会更好，拉萨会更好，八廓街也会更好，不仅会让对八廓街有着深厚感情的本地人有归属感，也会让五湖四海对八廓街心存向往的游客有认同感。

● 八廓街上的幸福生活 ●

在八廓街沿街的窗台上，总是摆满了格桑梅朵。不与百花争春的格桑梅朵，有着各种缤纷的亮丽彩色。雪域高原，氧气稀薄，土地干燥贫瘠，气候条件恶劣，而这些柔弱不失挺拔、纤细不悖阳刚、端庄不图艳冶、质朴不甘清寂的无名野花，在这清寂无声的世界里，点缀出了高原的璀璨春色和勃勃生机。

在西藏历史的长河中，格桑花作为一种精神存在藏族百姓心中，成为他们追求幸福吉祥和美好情感的象征。由于它喜爱高原的阳光，不畏严寒风霜，被视为高原上生命力最顽强的一种野花。

来自四川省德格县的次仁嘉措和阿吉夫妻在拉萨八廓街有三个摊位，次仁嘉措一家租住在吉崩岗路一个小区里的一室一厅，每月租金350元，客厅兼做厨房，还有一间卧室。

尽管每天忙碌不已，女主人阿吉依然很细心地在卧室的阳台上种了好几盆格桑花。四年前，他们的儿子格桑多吉也来到了八廓街，在拉萨市吉崩岗小学上三年级，在班里成绩靠前。

14年前，次仁嘉措怀揣着几百元钱，带着梦想一路颠簸来到了拉萨，在繁忙的八廓街摆摊，并在这里遇到了同样摆摊的阿吉，二人结为夫妻。

每天，次仁夫妻总是起得最早、撤摊也最晚。清晨天不亮，他们就早早将工艺品用三轮车拉到摊位前一一摆开，晚上再把卖剩下的工艺品装箱带回。

午饭时候，次仁嘉措给阿吉送来热腾腾的午饭，夫妻俩坐在摊位前一起吃饭，有说有笑，脸上写满了欣慰和满足。

在八廓街上经营小摊位的小商贩，有很多是像次仁嘉措和阿吉这样的夫妻档。他们见证了拉萨八廓街的变化和繁荣，也折射了普通百姓的幸福生活。

这些外来的商户，为八廓街带来繁盛的同时，也把自己的生活过得活色

生香。而出生在1949年的次珠，则是土生土长的八廓街人，他见证了八廓街的变迁，也收获了自己的幸福生活。

20世纪90年代，拉萨市政府改造了八廓街及周边一带的居民住在。以前，这一带的住宅主要是两层或一层的民居，4到6户住宅围城一个四合院。随着商业的繁华，八廓街逐渐成为寸土寸金的地段，住宅改造势在必行。

吉堆巷离大昭寺广场很近，紧邻八廓南街。德吉康萨5号大院位于吉堆巷，是这条小巷子里最大的一个院落。次珠曾在这里生活了40年。大院修建好后，次珠一家拥有了一套属于自己的安置房。

次珠曾当过4年兵，退役后卖过酒，但因不善经营亏本不少。后来，他成为一名建筑工人。刚开始，他只能做一些力气活，如搬运建材等；后来他制作了一辆独轮车，在工地负责搬运建材；再后来他把独轮车改造成双轮推车，提高了工作效率，改善了一大家人的生活。

如今，次珠是德吉康萨5号1楼的户长，每月有900元工资，再加上4个子女提供的生活费，次珠家里的生活虽不是大富大贵，却也轻松自主。

八廓街这条街，将次仁嘉措和次珠的生活都容纳在里面。无论是柴米油盐，还是吃穿住行，这条街满足了他们对生活绝大部分要求。

这样的生活，在八廓街显得平凡却真实，或许这也是大部分人对幸福的

一种要求吧。八廓街，成为人们寻找幸福的一种具体符号。

在藏语中，"格桑"意味着美好时光与幸福，所以格桑花也叫"幸福花"，长期以来一直是藏族人民期盼幸福吉祥的美好寄托。正因为如此，八廓街的阳台上，才会出现那么多的格桑花。这些摇曳的鲜花，随时都在彰显着八廓街上的幸福生活。

● 古城繁华了，但幸福味道没变 ●

如果说，有什么能最直接最原始地刺激一个人内心深处感触最深刻的东西，让一座城市的记忆以最明快的方式反映出来，可能非食物莫属了。八廓街就是用自己那独特的味道，演绎着独一无二的生活故事。人类的味觉是有记忆的，一杯甜茶，一碗藏面，都足以把遥远的故事绵绵牵引而出。

八廓街里满载着关于味道的回忆，"光明、鲁固、伊比、革命甜茶馆、凉拌牛肉、薄饼、烧饼、五香凉粉……"只要一提起八廓街的美食，每一个老八廓街人都会不假思索、如数家珍，倘若中间稍有停顿做思考状，那可能是觉得不好意思，因为自己是老八廓街人。

如今，八廓街的建筑改变了，八廓街的商铺增加了，八廓街的商人换了一代又一代，八廓街的游客来了又走了，甚至八廓街上的食物也在融合中变得多种多样，但八廓街上的"幸福味道"没有多大变化。

千百年来，藏族同胞们已经将自己的文化融合在食物中，将自己对生命的感悟、对幸福的理解统统包含在食物中。正因为如此，即便时代在改变，八廓街上人们的"幸福味道"没有改变。

次卓玛已过不惑之年，他在丹杰林路经营拉萨厨房已经十几年了，可以说是八廓街里的老人。他的祖辈，居住在"冲赛康"附近。次卓玛的祖辈和父辈都是做生意的能手，在家族的这种潜移默化的耳濡目染中，次卓玛从小就有商业头脑，喜欢做生意，20岁不到就在八廓街里练起了摊。在练摊的过程中，次卓玛不仅挣到了做生意的"第一桶金"，还收获了一段跨国爱情。

1990年，次卓玛与"练摊"时结识的尼泊尔人达瓦步入了婚姻的殿堂。婚后，他们便一直在谋划着开一个"跨国餐馆"，把各自厨房里最好的东西奉献给顾客。他们把目光聚焦在了八廓街，因为八廓街里有吃不完的美食。拉萨厨房装饰独具西藏和尼泊尔风格。坐在铺着尼泊尔印花布餐桌边，吃着纯正牦牛肉饼，蘸点尼泊尔辣椒，喝口酥油茶，真是回味无穷。

衡量幸福的关键一点，少不了食欲的满足。传统与现代并存，与国际接轨的拉萨，越来越多的美食，充实着人们对幸福的感受，增添新的记忆。

然而这一切都离不开八廓街人的努力，是他们敢于创新的精神让食物变得丰富多彩，是他们敢于尝试的品质将西藏本土食物与外地口味完美融合。

任世间变化，人流如织，来去匆匆，开放的古城八廓街，却在时光往复中保持着自己独特的味道。八廓街上的人们，无论是商人还是居民，抑或是游客，都在时间中追逐着自己的幸福。只是，有人的幸福停留在八廓街，有人的幸福在游走在路上。每个人的记忆深处，总是沉淀着儿时家乡的味道，无论走到哪里，都魂牵梦萦，这是一种深入骨髓的记忆，这种味道无法用语言来形容，却又让人难以忘却，莫名的幸福的冲动时不时就会涌上心头。

在热闹的北京东路，有一家只有几平方米的小店。还不等你到店门口，就能闻到一股酸酸甜甜的泡菜味。这家小店只经营一种风味小菜。他们每天重复着切萝卜丝、腌制和售卖的活。大家都习惯性地把这家泡菜店叫"策门林酸萝卜"。

这家店的主人次央，30多年前从日喀则来到拉萨打工，并学会了制作酸萝卜的方法。后来，这个与四川泡菜近似，却极具西藏风味的技艺，融入了八廓街的记忆。这里平均每天要卖掉500多斤酸萝卜，人们习惯用它配着藏面，炒素菜和牛肉来吃。早晨起来一块糌粑、一碗甜茶或酥油茶，晚上一小块糌粑、一块肉，基本上就是过去每日的主要食谱。有时做突巴，调味菜也少不了酸萝卜，偶尔到茶馆里吃一碗藏面，也少不了酸萝卜。现在，可选择的饭菜多了，吃糌粑的次数在慢慢减少，但仍然少不了酸萝卜。

在八廓街上，这样的融合很多，无论是外地食物添加藏族元素，还是藏族食物增加外地元素，都让八廓街上的食物变得与众不同。而这一切，自然离不开八廓街上那些努力创新的人们，那么起早贪黑辛勤经营的人们。

西藏与国内其他地区在物质和文化上的交往交流交融的历史，可以追溯到西周时期。这样的交流，其目的之一便是满足舌尖上的需要。

自古以来，由于气候，青藏高原上的人们只能种植青稞、饲养牲畜，而

蔬菜水果比较匮乏。据《新唐书》记载，可以追溯："其器屈木而韦底，或毡为盘，凝面为碗，实羹酪并食之，手捧酒浆以饮。"也就是说，他们的器皿是用弯木制成，以皮革做底，或用毡做盘，用熟面捏成碗，装上羹和奶酪连碗一起吃掉，酒浆用手捧饮。无论在什么时代，人们对美好生活向往的心理渴求是一致的。物产的相对匮乏，不利于身体健康。自唐代开始的茶马互市贸易，改善了生活、加强了西藏与其他地区的联系。

据《明史·食货志》记载："蕃人嗜乳酪，不得茶，则困以病，故唐、宋以来，行以茶易马法……"文成公主入藏，更是密切了其他地区与青藏高原的联系。除了带去很多谷物的种子，文成公主入藏，还带去了冶金、农具制造、纺织、建筑、制陶、碾米、粮酒、造纸、制墨等各种技术。生产有了显著的发展，西藏人民的生活条件也随着改善。

如今西藏人民不仅广泛种植家萝卜、藏萝卜，从国外引进各品种，还不断培养新的品种，比如"春雪莲""寒雪""雪凤黄"等。

回溯千年，萝卜、酸萝卜，都是拉萨人餐桌上的记忆，这记忆，流淌在口齿间，回味在脑海里。当拉萨开始与国际接轨，这里必将成为传统与现代并存的城市，越来越多的美食，不仅仅充实着人们对幸福的感受，也为人们增添了新的记忆。

生长在八廓街，先后在自治区群艺馆和自治区艺研所工作的阿旺旦增，几乎没有离开过八廓街，虽然八廓街日益繁华、美食种类繁多，但在他的内心深处，儿时的小吃总是能勾起美好的回忆。

"以前，物资相对匮乏，有凉拌牛肉、薄饼、烧饼就代表着要去过林卡，食物就代表着过林卡的烙印深深刻在心里，那是开心的事。吃一碗几毛钱的五香凉粉，'偷'两根咸菜舔舔，就是我们的零食，有零食吃，当然有满足感。虽然现在我们的孩子有各种玩具、各种各样的零食，但是他们体会不到我们的心情，毕竟，这是我们这一代人的美好回忆。现在回忆起过去的时光，也是一种幸福。时代变迁，很多人和事情都在变化，儿时的记忆总是无法改变的，它时刻印在我心中。"对于某些人来说，小吃，不仅仅是小吃，更是儿时的美好回忆。

每个人的骨子里或许都有一种家乡的味道，时常让凡俗的日子泛起阵阵涟漪，唤起你对故乡百年不变的依恋和缱绻的情愫。家乡的味道深刻地影响着这个区域的每一个人,而这个区域的大多数人选择的口味也构成了家乡的味道。八廓街的各种"味道"令这里的老八廓人眷恋不已,也吸引着一位又一位初来这里的人,几乎成了所有人魂牵梦绕的味道。

因为这里面有"家乡拉萨的幸福味道",这里有拉萨人用辛勤的汗水、灵活的头脑、创新的精神创造的幸福。

● 团结和睦,古城温情 ●

太阳和月亮
是一个妈妈的女儿
她们的妈妈
叫光明叫光明
太阳和月亮
是一个妈妈的女儿
她们的妈妈
叫光明叫光明
啊藏族和汉族
是一个妈妈的女儿
我们的妈妈叫中国
我们的妈妈叫中国
……

藏族歌唱家才旦卓玛的《一个妈妈的女儿》,唱出了西藏各族人民的共同心声。作为一个多民族聚居的城市,拉萨市稳步推进民族团结事业发展,形成了各民族大团结的良好气氛。

象征藏汉民族团结的"唐蕃会盟碑"就矗立在八廓街广场。这个古老而新兴的城区,每天都在演绎着民族团结的佳话。在这个大家庭里,居民之间团结友爱、互帮互助,不管谁家有困难大家都尽力帮助,彼此之间不分民族,俨然一家人。社区居委会经常帮助外来经商者和外来务工人员,切实做到了

人民公仆为人民服务。

扎桑和庞俊帮堪称是"团结夫妻"的楷模。他们已经在鲁固社区做了近二十年的生意，开了两家店铺，一家经营水果，一家经营饰品，生意兴旺，生活越过越红火。庞俊帮刚从安徽阜阳来到拉萨的时候，不仅语言不通，而且对当地的环境也不熟悉。幸运的是，他遇到了社区老党员尼玛次仁，在尼玛次仁等社区邻里的帮助下，他做起了水果生意。1997 年，一次偶然的机会庞俊帮与扎桑相识，给彼此留下了很好的印象。庞俊帮听说扎桑正在找工作，他的水果摊正好缺人手，于是便邀请扎桑和自己一起摆摊卖水果。在扎桑眼中，庞俊帮是个幽默、实在、勤奋且性格很好的男人，一年后，他们结为夫妻。两人不仅与社区里的邻里相处融洽，还经常力所能及地帮助社区里需要帮助的人。他们相信帮助别人，就是做善事，好人会有好报。

在八廓街周围，像这样藏、汉、回等各族群众聚居的大院有 199 个。到拉萨经商、办事的外地人中，有 2000 多人长期租住在藏族民居。走进八廓街曲折幽深的小巷，随便推开一座大院的大门，便可以听到各民族团结互助的佳话。

日松贡巴居民大院居住着 30 多户人家，虽然略显拥挤，但十分干净、整洁。今年 90 岁的蒙古族退休工人益西旦巴，是大院里各族居民的尊长。

西藏和平解放前，益西旦巴从老家辽宁逃荒来到西藏。当时的西藏，尚且是农奴制度，人民生活困苦，不少人流落拉萨街头行乞，益西旦巴也没能幸免。幸运的是，他遇到了善人，将他介绍到哲蚌寺当喇嘛，并取了现在的名字。西藏和平解放后，益西旦巴作为拉萨城内为数不多会说汉语的人，主动给解放军当翻译。后来，他被安排到土门煤矿，成为西藏第一代产业工人。益西旦巴后来经人介绍与拉萨居民普赤结了婚，生有 3 个孩子，过着幸福的生活。他们的幸福家庭就是民族大团结的结果。因为亲历新旧两个社会，益西旦巴老人更深切地感到，只有共产党，才能把各民族团结起来，实现共同富裕。他向党组织多次递交入党申请，终于在 78 岁时成为一名光荣的共产党员。

城市，因文明而幸福，拉萨是全国幸福指数最高的城市之一，民族团结是社区文明的具体表现。在鲁固居委会，扎西云旦收养了父亲是汉族人的巴桑卓玛。扎西云旦作为一名基层干部，家里不算富裕，但他给自己的孩子买衣服，同样要给巴桑卓玛添置新衣，还供她上学读书，视同已出。居委会的群众把巴桑卓玛的房子租出去，将每月的租金存在她的账下，作为她今后学习深造的费用。

八廓街是西藏著名的商业街，但商业没有冲淡民族间的友谊，反而在经济发展中优势互补，携手共进，使民族团结有了更稳固的经济基础。

"冲赛康"市场是著名的商品交易地，在此经商的有藏族、汉族、回族、维吾尔族等民族的人。从湖北来到西藏已经十余年的夏帮华，已经60多岁，长期在拉萨"冲赛康"商场做百货生意，租住在以大昭寺、八廓街为中心的拉萨老城区一所居民大院里。有一次，他的儿子半夜发高烧，神志不清。幸亏藏族邻居巴桑帮忙，蹬起三轮车把他儿子送到医院，并一直和他一起守候，直到孩子康复。他说："自从住进大院后，就感觉像到了家一样。居委会的藏族领导对我们这些外地人非常关心，各方面都给予了照顾，而左邻右舍的藏族及其他少数民族同胞也和我们有着兄弟姐妹般的感情。西藏是我的第二故乡，我要一直生活在这里。"

八廓街历经千余载，由无数的朝圣者环绕大昭寺踩踏而成，如今已是拉萨最著名的商业街。居住在八廓街四周众多居民大院里的各族群众在这里和谐相处，安居乐业，共同谱写着八廓街的兴盛和繁荣。

第三章
开放包容，迈向新纪元

所有的创新都不是凭空而来的，都是在传统基础上的进一步发展。八廓街携带着藏族独特的传统风俗，以昂扬的精神、开阔的胸怀迎接着新时代。

●"云闪付"开启八廓支付新时代●

正如丹尼·亚历山大所说："金融科技可以让发展中国家在金融服务方面实现蛙跳式发展，跨过很多发达国家此前经历过的阶段。"移动支付，如今俨然已成为一张闪烁着时代光芒的中国名片。在中国，一旦有了手机，就什么都能做，哪儿都能去，什么都能买。生活简直方便得不可思议，即使在青藏高原的拉萨也是如此。

拉萨市政府一直大力发展拉萨的基础设施，仅用了三年时间，就实现了全市的广播电视户户通全覆盖。适逢互联网时代，拉萨市政府也提出新型智慧城市的战略，打造各项便民的新时代生态。

出行消费，最麻烦的就是交易完成后的找零，而基于"云闪付"App的智慧市场，大大减少了这类麻烦。在八廓街商铺，不仅有支付宝、微信等人们熟悉的移动支付，一些商铺还挂着标有"特约商户·省钱省心的移动支付管家"字样的红色招牌，非常醒目。

"云闪付"App是一种非现金收付款移动交易结算工具，是在中国人民银行的指导下，由各家商业银行、支付机构等产业共同开发建设、共同维护运营的移动支付App，2017年12月11日正式发布。

从支付安全角度看，"云闪付"采用人工智能、大数据分析等技术，利用安全芯片、生物信息、位置定位等安全手段，构建全面实时的安全防控体系，通过移动支付创新风险评估和动态跟踪，提供了较为完善的用户风险保障，用户在利用"云闪付"App绑卡和注册身份验证时，信息不会被截留，让公众真正获得便捷、安全、实惠的移动支付服务。

此外，"云闪付"App全面支持各类银行账户，通过大数据、人工智能等技术应用优化用户体验，将原先散落在各个机构的支付服务工具集成，在很大程度上补充了各商业银行App里未体现的功能，更切合本地实际。

对有车族来说，停车缴费也是件头疼事。以前八廓街的停车场缴费都是现金支付，费时费力，但有了"云闪付"，车主可用"云闪付"App通过付款码"扫一扫"支付停车费。"云闪付"App用户在进入停车场时，有机器会对车牌进行扫描识别，并开始计费。车子驶出时，会自动识别车牌并语音播报停车费用，手机"云闪付"会自动完成扣费，整个过程免去了排队等候、兑换找零的麻烦。

不仅停车场，八廓商城美食街也是"云闪付"的示范街区之一，在这里消费，只要用手机扫一扫，想买什么就买什么。另外，在拉萨市还有同样的两大示范商圈：神力商圈，商户共计约130户，机具布放覆盖率达100%；功德林天街商圈商户共计约73户，机具布放覆盖率92%。

在打造智慧城市的过程中，中国人民银行拉萨中心支行秉持"支付为民"的理念，着力解决民生领域支付服务问题，不断优化便民支付场景，在公交、停车场、菜市场、医疗社保、公共事业缴费、校园生活等更多领域建设普及，将"智慧城市"的便捷支付惠及每一位市民。

● 带着传统迎接新生活 ●

八廓街上的行人每天在不停流动，焕发着这条街的新生，但是这里的传统依旧。所有的创新都不是凭空而来的，都是在传统基础上的进一步发展。

在藏族商人次丹朗杰的心里，八廓街不曾改变。次丹朗杰以前开拖拉机时，只要有空闲就会捡根树枝在地上搞"创作"，从最初在八廓街创业，到现在成为八廓街唐卡名店主，他不仅成了一名著名的唐卡画师，更是一个成功的商人。在八廓街，次丹朗杰实现了自己人生梦想的飞跃，也同这里的人们一起，带着传统，迎接新的生活。

出身于农民家庭的次丹朗杰，小时候因为家里困难只能退学外出打工。最初他在县里开过拖拉机，每个月下来只能挣到 16 块钱左右。次丹朗杰很喜欢画画，只要一有闲暇，他就会用树枝在地上描画许多东西，他最爱画的是猪、牛、狗等动物，以及一些"山水画"。

开了几年的拖拉机后，次丹朗杰转行当了一个木匠。之所以转行，是因为次丹朗杰认为木匠有时要在木质品上绘制各种装饰的画以及鲜艳亮丽的颜色，这能让他更加接近自己的梦想。很快，次丹朗杰就出师成了一名专门为家具绘制装饰物的小画师。

在自己的努力下，从木匠到家具绘画次丹朗杰都样样在行。后来，他来到拉萨，师从一位极具实力的免唐派画师，进一步提升了自己的绘画水平，最后成为一名专业的唐卡画师。从开拖拉机、干木匠活、家具上色再到唐卡画师，次丹朗杰每一次都是华丽的转身。

1996 年，次丹朗杰在八廓街南侧开了自己的第一家唐卡画店，当时他的店里包括他自己总共只有 3 名员工。作为一个唐卡画室，光线充足是非常重要的，可次丹朗杰的第一家唐卡画店不仅老旧狭小，而且采光严重不足。就是在这样一个店面里，他开始了自己的创业生涯。

虽然次丹朗杰的店面很小，却是八廓街最早的一家现场绘制和销售唐卡的画店之一。只是，当时到拉萨旅游的人不多，八廓街里旅游色彩并不是特别浓厚，很多摊位和商店卖的商品大部分是农牧区使用的工具和生活用品。

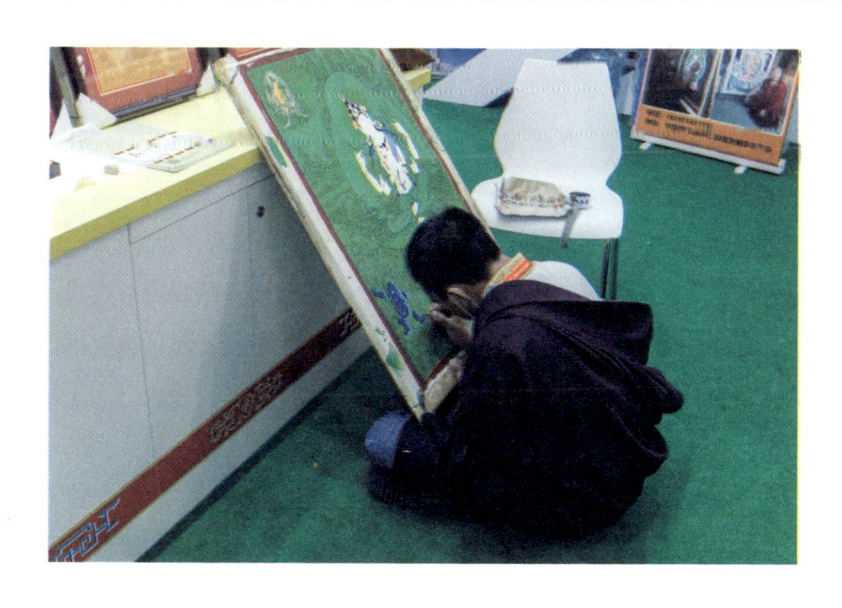

除了部分游客会走进次丹朗杰的唐卡店观光，购买唐卡的大多数还是本地的顾客。

不过，次丹朗杰很相信八廓街未来的前景，他认为，唐卡是一门西藏独特的传统艺术，虽然当时游客并不多，但他还是愿意让他们更清晰地看到唐卡制作的流程，让人们真正地认识西藏唐卡制作的传统工艺。

所以，次丹朗杰的画店是开放式的，人们完全可以进来参观和鉴赏唐卡的制作，加深对唐卡的认识。次丹朗杰的这一举措不同凡响，很多游客观赏他的画室后便留下他的电话，订购了不少唐卡，甚至有些游客到了国外后，仍然联系他购买其唐卡。就这样，次丹朗杰挣到了他创业的第一桶金。

次丹朗杰如今功成名就，成为一名名利双收的画师不仅要归功于自己的绘画，更要归功于他能在八廓街开这样一间唐卡画室。次丹朗杰认为，在八廓街想要"生存"，一定要有自己的思想和特色。见多识广的次丹朗杰曾到过美国、尼泊尔等国家，在那些国家他学到了非常实用的生意经。他看到外国人做生意不像在国内乱喊价，而且对顾客不管是买不买都是一个态度。这种生意之道让他看在眼里记在心里，很是感叹。

这些经验被次丹朗杰学以致用，他认为做生意最重要的是讲究诚信，有了诚信就能立足于不败之地，他的生意很大一部分是他的那些老顾客撑起来的，每到他们需要唐卡时都会联系他。次丹朗杰的顾客不仅有国内的游客，也有不少来自国外，他生意成功不仅仅靠的是深厚的画功，更靠的是一种精神，而他所谓的精神就是诚信和平等。

次丹朗杰如今一年的收入非常可观，改善家里情况的同时，他还资助了许多贫困大学生。如今，年近半百的次丹朗杰，依然保持着精力充沛的状态，每天早上，他都会同店里的学徒一样很早来到自己的画室。喝一口早茶，转一圈八廓街，已经成为他的日常习惯。

次丹朗杰在八廓街已经有15个年头了，他的店面在八廓街搬迁过一次，从八廓街南面搬到了八廓街东面，现在的画室宽敞明亮，而且很气派。作为一个商人，次丹朗杰已经很成功了；作为一个唐卡画师，他也已经是功成名就。面对八廓街这几年的改变，次丹朗杰意味深长地说："其实我感觉不到八廓街有什么变化，或者可能是我对八廓街的感情从始至终没有改变。"

在八廓街上，顺应时代获得新生的不仅仅是唐卡，传统的藏戏、藏医藏药、藏香等众多藏传文化瑰宝，也都在从传统走向现代的道路上，焕发出新的光彩，成为西藏地区神奇而独特文明的见证。

● 老院民宿，古宅新貌 ●

拉萨是一座慢城，生活无须急于求成，一切都水到渠成。这里既有传统风俗，也有时尚的风采，两者相互映衬，为拉萨增添了独特的魅力。特别是老城区的改造——修旧如旧，使得八廓古街发展成为闻名全国乃至世界的特色魅力历史文化街区。

拉萨老城区改造工作，自20世纪80年代就已经开启，在遵循"能小修的绝不大修，能用原构件的绝不更换新构件，风貌改造则严用文物修缮方法"原则的基础上，经过系统的修缮保护，一座座古建筑院落的昔日风采逐渐得以重现，更赋予了新的生活方式和新的文化生机。1998年，拉萨市政府将老城区内93处古建筑院落公布为"拉萨市古建筑保护院"，并挂牌加以保护。这些古建筑院落无不承载着厚重的历史，在新时代的建设中，发展成为拉萨旅游的新名片。邦达仓古建大院，就是其中独具特色的一座。

邦达仓古建大院，是拉萨现在保存最完整的森夏（贵族宅邸之一），距今已有300多年的历史。昔日邦达仓的兴盛已经成为历史，封存在人们的记忆里，如今的邦达仓，变成了一座具有深厚文化底蕴的邦达仓古建酒店。

邦达仓院子很大，以前是用来栓驮货物的马匹，一楼放杂物、货物以及饲料，二楼两边堆放货物，或者住赶马人。正楼，也就是进门右手边的这栋楼是主人和家眷居住的地方。

如今，客栈老板花了500多万元，把一楼二楼曾经是放货物住赶马人的房间，改成了背包客的多人间，把正楼改成了带卫生间的标准间，卫生间很舒适、宽大，也极具现代感。为了维护大院的整体风貌，房间的基本格局没变，整个楼房用石头和木头修改而成，结实，神秘，迷宫一般，让人总想探究寻觅。在这里，传统文化在以人为尺度的细节中展现着自己的魅力，你可以看到西藏最传统的建筑结构和特点，整栋建筑没有用一根钢筋、没有用一块水泥、没有用一颗螺丝钉，全是石头搭木头混合泥土建的。房顶和一些房间的

地面是西藏独有的阿嘎土。打阿嘎是西藏传统的建筑工艺，一群人站在屋顶或地面一边唱着歌一边打着节拍敲打着，来回无数次敲打，才能完成。同时，为了不破坏大院厚重的历史感，邦达仓只有 Wi-Fi，没有电视。

古老的藏式门窗、梁柱、壁画等所透出的绚丽民族风，与酒店、书吧、酒吧、咖啡吧、工艺品店等现代元素融为一体。置身于此，仿佛在历史和现代的洪流中穿梭而行。

推开吱呀的木门，映出眼帘的是一个大大的院子，迎着朝阳，脚步声、交谈声……渐渐响起；糌粑、酥油、藏面、甜茶的香气扑鼻而来……邦达仓大院的一天，就这样开始了。

中午，阳光开始热烈起来，游客们纷纷在树荫下、太阳伞下寻找阴凉，与好友聊天，说一说路上的奇闻；品尝美食，让舌尖在佳肴中得到慰藉。那些曾经只能是西藏贵族才能享受的美食，邦达仓大院的每一个人都能享受到。

打开邦达仓房间的窗户外面就是八廓街的转经道，每天早上都可以听着咏经和朝拜的声音醒来，该地距离大昭寺步行 3 分钟、距离布达拉宫步行 15 分钟。在八廓街，用这样的标准改建的古建筑比比皆是。通过原汁原味保留古建筑的风味，让新材料融入其中，让新内容充斥其间，八廓街在传统与现代之间找到了最佳的契合点。

八廓街上的一栋栋历经岁月的古建大院，有的像小家碧玉，有的像大家闺秀，或隐或显，在八廓街的怀抱中，珍藏着远古的记忆。

如今，一座座古建筑经过修缮，得到了系统的保护，重新展现出往日的风采，承载着历史的厚重，成为西藏旅游的一张张难得的"名片"。

偷得浮生半日闲，位于八廓街中的院落无疑是这样的好去处。旅游经济蓬勃发展的今天，随着青藏铁路的通车，越来越多的人涌进拉萨，他们不仅是为了朝圣，更多是为感受西藏的历史与文化，感受新时代的新气息。

● 条条商路通八廓，席席盛宴在流动 ●

2006年，青藏铁路打破了雪域高原的交通瓶颈，使青藏市场开始融入全国统一的市场大潮中，整个西藏也顿时被激活了。地处拉萨的八廓街原本就集小吃、购物于一体，现如今更是激发了无限活力，吸引着来自世界各地的游客。

商业与信仰从不冲突，也从来没有不食人间烟火的宗教。早在佛教诞生之时，僧侣就与商人驼队同行，相互促进。八廓街与大昭寺也就成为一组完美的组合，在大昭寺朝圣结束，出门就可以在八廓街来一杯甜茶、大快朵颐，随后沐浴在高原惬意的阳光之下，穿梭于大大小小的商铺之中，聆听喧嚣的叫卖吆喝声，而毫无违和之感。

八廓街因建筑大昭寺而起，并随着四方僧众、八方信众纷纷从各地赶来而发展起来。远道而来的朝圣者以及商人为了落脚，也在周围建起了各种商铺、旅馆等服务设施，手工作坊等也发展了起来。如今的八廓街，更是今非昔比，几乎每一个商铺的经营状况都堪称世界经济的晴雨表，而游客的消费能力，不仅反映出了他们自己的经济状况，甚至能看出他所在国家和地区的经济状况。

古老的八廓街与世界相连，现在的八廓街，店铺林立，连偏僻巷子里也开了小店。这里除了本地人，还有说着全国各地方言和世界各国语言的游客，颇有大都会的感觉。八廓街之于拉萨，正如春熙路之于成都，南京路之于上海，王府井之于北京。世界各地越来越多的人看重西藏旅游市场的潜力，来到八廓街,而八廓街的发展势头也让他们看到了更大更好的发展空间。王铁就是其中的一员。

1991年,不安于现状的王铁在单位办理了停薪留职,到西藏当了一名德语导游。一年后,他把西藏的特色工艺品带到重庆,结果大受欢迎,一售而空。1995年,王铁又回到拉萨,并和几个朋友一起,在罗布林卡内开了一家旅游用品商店。2004年,他又在八廓街转经道的西北角开了一家三层的新店,取名"藏韵艺博楼",共1500平方米。一楼是旅游品专柜,更多的是古董;二楼是藏毯和西藏著名画家的作品;三楼是餐厅,主要是接待旅游团。在老城区改造中,八廓街老城区焕发了青春活力,王铁们的奋斗脚步从未停止过。

从历史传统而言,八廓街,堪称老拉萨的标本,而就其本身的意义而言,八廓街已经是成为拉萨城的魂魄。条条商路,人来人往,为八廓街输入无限的生机,越来越多的人在此有所成。

商业发展的同时,西藏神秘博大的文化也一直在吸引着心怀艺术理想的人齐集拉萨,特别是20世纪80年代,拉萨集合了一群来自五湖四海热爱艺术的年轻人。作为其中的一员,画家于小冬还创作了一幅油画《干杯西藏》。这幅油画了23个人物,他们中间有作家马原、扎西达娃,诗人马丽华、贺中,画家于小冬、李新建、韩书立,摄影家车刚、罗浩,戏剧家牟森……他们以不同的身份、不同的经历、不同的民族、不同的个性,相遇在拉萨,并以自己独特的艺术实践、飞扬的青春乃至生命,影响了西藏艺术的各个层面,形成了当时以拉萨为中心的西藏新文化人群体。

太阳从何处升起

太阳自东方升起

世界的土地河流

是温暖阳光赐予

月亮从何处升起

月亮自山顶升起

没有太阳和月亮

世界将暗淡无光

——西藏民歌

有人说，八廓街像一碗端平的酒，拉萨城的风尘都尽在这碗酒中。如果你有幸在年轻时到过拉萨，到过八廓街，那么以后不管你到哪去，它都会跟着你，一生一世。因为八廓街就犹如一席流动的盛宴。

后记
"修行"在八廓

世间事除了生死,哪一件不是闲事。既然如此,那生活在八廓街上的人们就"闲"得令人羡慕,可以同时沐浴在出世的烟火和入世的凡尘里,有如此巨大的现实张力,时间空隙都无须任何形式来填补。在圣路上转经,于梵音里修行,圣洁的光明笼罩在上空之时,街上的人群满载着信仰立于街上,此刻的一瞬无比殊胜,仿佛无所从来,亦无所去。

每天,当清晨的第一缕阳光照耀在八廓街大街的石板路上时,八廓街上转经的人们,就开始用自己最虔诚的心礼佛,以求得来世的福报。藏传佛教信徒们在完成了转经仪式后,穿梭在八廓街上,慢慢踱步到甜茶馆。于是,一杯甜茶或者一碗藏面,就开启他们一天的悠闲生活。

世间法亦是修行,俗世烟火中也有梵。八廓街上奔波劳碌的商人、流连驻足的游客无不是在世间修行,虔诚对待周遭的一切,发扬众生佛性,目之所及皆是光明。藏传佛教信徒们,在八廓街上,风雨无阻行走着,年复一年,成为拉萨的一处独有风景。

离开八廓街,世界上恐怕再也找不到一处街区,一年365天只因信仰而被众人环绕不息。八廓街如同一个圆形时钟,以大昭寺为时轴,转经人便构成了时针,走入人群便会不由自主地加入顺时针转动,而伴随其左右的凡尘亦未被割裂。顺着熙熙攘攘的人群,目及周边无处不在的信徒们,任谁也会被感动,

内心深处的信仰之光渐渐明亮。

　　无论何时，信仰的力量都是无比巨大的，在这座雪域中的"日光城"里，人们仿佛看穿了人间的悲喜，把一切都融进了灿烂阳光里。如果放下人生一切烦恼和负重，在八廓街上信马由缰地走走瞧瞧，一场心灵之旅便由此而始。即便心有重担，精神有压力，在八廓街上看一看、想一想，那些烦恼也会无声地消失。

　　来到八廓街上，你只需带上眼睛和心灵，去观看和感受这里的一切便已足够，除此，任何记录形式都显得苍白，如果因为拍照而分了心神，那错失的瞬间就太过于可惜了。这场圣地之旅，让心灵变得丰盈是最为宝贵的收获。慢慢地跟着人群流动，四下里随意地张望，你总能发现那些精妙的景色，抑或是动人的事情。那些细微之处所闪耀出来的精神价值，只有在这里才能深刻体会。

　　在八廓街上或是在周围的房顶上晒着太阳，喝上一杯酥油茶，看着街上人头攒动，抬头仰望大昭寺的金顶，感动油然而生，有什么比这更美好？又或者是在古树下的酸奶吧里，喝一杯纯正的藏式酸奶，让疲惫的脚步歇息一下，还有什么比这更让人觉得惬意？若能在一滴眼泪中闭关，这一刻便不再多疑。人生啊，一念之差便落叶纷纷，静静地体悟当下这一瞬的美好，那这一瞬便是世间最好的福报。

　　八廓街的商人们在用心经营，辛勤打拼；顾客们在街上环顾，仔细打量；信徒们在虔诚朝拜，真心祈祷；游人们在街头信步，走走停停……众生相跃然街上。

　　索古街，不仅铭刻着历史变迁的痕迹，也承载着整座城市的记忆。八廓街是触摸西藏最好的去处，承载信仰的同时云集商贾。古城拉萨的千年变迁，你都能八廓街上找到见证；拉萨人的生活，你都能在这里一览无遗。

　　佛说，凡所有相皆是虚妄，若见诸相非相即见如来。所谓修行，要不为任何相所束缚，生于心而无所住。若说人生是场修行，那八廓街仿佛会令世人恍然大悟，世上的事也不过就是如此。

主要参考文献

ZHU YAO CAN KAO WEN XIAN

[1]《走遍中国》编辑部.走遍中国第三版——西藏[M].北京：中国旅游出版社，2007.

[2]萨迦·索南坚赞.西藏王统记[M].北京：中国国际广播出版社，2016.

[3]高晓涛，西达.八廓曼陀罗[M].上海：上海人民出版社，2009.

[4]（英）斯潘塞·查普曼.圣城拉萨[M].向红笳，凌小菲，译.北京：中国藏学出版社，2006.

[5]五世达赖喇嘛.西藏王臣记[M].刘立千，译注.北京：民族出版社，2000.

[6]马丽华.老拉萨：圣城暮色[M].南京：江苏美术出版社，2002.

[7]廖东凡.雪域西藏风情录[M].拉萨：西藏人民出版社，1998.

[8]赵嘉.走西藏：进藏完全手册[M].北京：知识出版社，2001.

[9]李青.拉萨老城区历史演变与保护[M]北京：社会科学文献出版社，2014.

[10]王丕君.讲述西藏:宗教的故事[M].北京:华文出版社,2018.

[11](日)芦原义信.街道的美学[M].尹培桐,译.天津:百花文艺出版社,2006.

[12]罗广武,何宗英.西藏地方史通述[M].拉萨:西藏人民出版社,2007.

[13]周国平.周国平散文经典读本:人生的高贵在于灵魂[M],北京:二十一世纪出版社,2014.

[14]张涛.八廓街:圣路上的悠然时光[J].中国三峡,2012(12).

[15]伍振.天上的街市——八廓街[J].中国地名,2016(6).

[16]伍振.拉萨八廓街的似水流年[J].收藏界,2013(5).

[17]邓啸骢,范霄鹏.八廓街历史文化街区空间联系与内在活力研究[J].规划师,2016(S2).

[18]甄聪.拉萨市八廓街区室外空间艺术研究[J].山西建筑,2015(18).

[19]罗祯.拉萨八廓街贵族府邸现状概述[J].中国房地产业,2015(9).

[20]西藏住房城乡建设厅规划处.拉萨八廓街历史街区保护与整治[J].城乡建设,2016(12).

[21]阿高.八廓老房子[J].西藏人文地理,2006(2).

[22]卡努德·拉森.西藏古城拉萨[J].世界建筑,2001(6).

[23]徐永志,李霞.城市历史文化街区文化遗产保护与旅游利用——以拉萨市八廓街为例[J].扬州大学学报:人文社会科学版,2016(3).

[24]范占勇,陈蔚.拉萨古城八廓街空间演变和保护解析[J].包装世界,2016(1).

[25]李粮企.拉萨八廓街古建大院现状调查[N].中国文化报,2012-03-08.

[26]乔欣.拉萨老街的变与不变[N].中国文化报,2011-07-27.

[27] 范占勇.西藏"甘丹颇章政权时期"拉萨古城空间形态变迁研究（1642-1951）[D].重庆：重庆大学，2016.

[28] 李霞.街区记忆与旅游认同——拉萨市八廓街历史文化街区保护性旅游利用研究[D].北京：中央民族大学，2013.

[29] 益西曲珍.论拉萨八廓古街形成的原因[D].拉萨：西藏大学，2010.

[30] 索朗白姆.西藏拉萨老城区八廓街传统风貌研究[D].成都：西南交通大学，2005.

[31] 范占勇.1980年代以来拉萨八廓街空间演变和保护简析[A].2015年中国建筑史学会年会暨学术研讨会论文集(上)[C].辽宁科学技术出版社，2015.